Klaus-Rüdiger Mai

Gehört Luther zu Deutschland?

Klaus-Rüdiger Mai

Gehört Luther zu Deutschland?

HERDER

FREIBURG · BASEL · WIEN

Satz: Barbara Herrmann, Freiburg
Herstellung: CPI books GmbH, Leck

Printed in Germany

ISBN 978-3-451-34846-4

Inhalt

» … gleich wie man auf Deutsch sagt: der Dünkel macht den
Tanz gut. Diese meinen, dieweil sie regieren und eine höhere
Person sind, so müssen sie auch klug sein; und ein solcher
Narr im Rat hindert die anderen, dass sie mit keinem Schaden
fortkommen können, denn er will in Teufels Namen klug sein
mit Gewalt und ist doch ein Narr.«
Martin Luther

» … jeder Einzelne hat einen Anspruch auf einen brauchbaren
und gerechten Staat, der die Freiheit des Einzelnen als auch das
Wohl der Gesamtheit sichert. Denn der Mensch soll nach Gottes Willen frei und unabhängig im Zusammenleben und Zusammenwirken der staatlichen Gemeinschaft sein natürliches
Ziel, sein irdisches Glück, in Selbstständigkeit und Selbsttätig-
keit zu erreichen suchen.«
Flugblatt der Weißen Rose

»Daher möchte ich ein gutes Wort für die untüchtigen Armen
einlegen. Denn zumindest schaden sie niemandem. Wenn sie
die Zeit, die sie sich freinehmen, mit ihren Freunden und ihrer
Familie verbringen und sich um die Menschen kümmern, die
sie lieben, tragen sie vermutlich mehr zu einer besseren Welt
bei, als uns bewusst ist.«
David Graeber

Kapitel 0

Die Wirklichkeit als Autor

Martin Luther eröffnete vor 500 Jahren die große Epoche, die sich in unseren Tagen ihrem Ende zuneigt. Der Plan zu diesem Buch entstand, als diese Entwicklung in ihren Grundzügen zwar erkennbar war, nicht aber ihre Dramatik. Die Geschichte kennt genügend Beispiele für den Wechsel des handelnden Personals in den *modus irrealis*, wenn es ernst wird, doch ist es etwas gänzlich anderes, den Prozess grundsätzlicher Veränderung in den Quellen zu verfolgen, als ihn in der Realität zu erleben. Nicht langfristige Evolutionen, sondern harte Umbrüche werden wahrscheinlicher. Immer notwendiger wird es vor diesem Hintergrund, sich an Europas geistige Grundlage zu erinnern, die darin besteht, in Alternativen zu denken. Hierbei wird das bedeutende Denken Martin Luthers unverzichtbar sein, weil es erstens Orientierungshilfe bietet und uns zweitens ermöglicht, einen Schritt zurückzutreten und unsere Situation von außen zu betrachten. In der großen Krise der Gesellschaft vor 500 Jahren schlug er mutig eine Alternative vor, aus der das moderne Europa hervorging.

Als das Buch geplant wurde, habe ich an ein ruhigeres, wenn man so will, akademischeres Buch gedacht. Dass es nun anders geworden ist, liegt daran, dass Geschichte wieder stattfindet. In ihrem Sturm vergehen die Träume von Francis Fukuyama und Heinrich August Winkler wie Rauch. Manches in diesem Buch mag unfertig erscheinen, anderes nicht genügend abgesichert, aber die Wirklichkeit benötigt keine Fußnote. Einiges klingt in der Behaglichkeit, die man verständlicherweise zu erhalten wünscht, radikal, aber in Zeiten großer Veränderungen bedeutet verantwortlich zu handeln, an die

Wurzel (lateinisch *radix*) zu gehen, wenn man nicht eines Tages als Sklave der Entwicklung aufwachen möchte, sondern sie als Bürger eines demokratischen Staates mitbestimmen will. Radikal sein heißt also, die grundsätzlichen Fragen zu stellen. In diesem Sinn war Luther radikal, sich ihm zu nähern, von ihm für die Gegenwart zu lernen erfordert, radikal zu denken, verlangt, bis zu den Ursachen vorzudringen, sich nicht von Sprach- und Denkkonventionen abhalten zu lassen. Wer aus dem Spiegelkabinett tritt und die Augen aufmacht, kann das Menetekel bereits an der Wand des europäischen Hauses erkennen. In unserem eigenen Interesse sollten wir die Feuerschrift entziffern, um nicht eines nahen Tages gewogen und als zu leicht empfunden verworfen zu werden.

Ich wünsche mir, dass der Leser über Fragen, Befunde, Analysen, Thesen, Prognosen, Vorschläge und Befürchtungen vorurteilsfrei nachdenkt, sie mit seinen Erfahrungen vergleicht, auch in Widerstreit mit den Thesen des Buches gerät, nicht aber in das alte so unfruchtbare wie überflüssige Einordnungsspiel zurückfällt. Wer nur darüber nachdenkt, ob eine These »rechts« oder »links«, »progressiv« oder »konservativ« oder »reaktionär« ist, weicht der Wirklichkeit aus. Besser als die alten Spiele zu spielen, ist es, neue Antworten zu finden, die den Streit in der Sache voraussetzen. In der *Kritik der reinen Vernunft* zitierte der deutsche Denker Immanuel Kant den englischen Philosophen Francis Bacon: »Von unserer Person schweigen wir. Was aber die Sache angeht, um die es sich hier handelt, so wünschen wir, dass sie nicht als eine bloße Meinungsäußerung, sondern als ein rechtschaffenes Werk angesehen werde, bei dem man überzeugt sein kann davon, dass es sich nicht etwa bloß um die Gründung einer Sekte oder um die Rechtfertigung eines gelegentlichen Einfalles handelt, sondern um die Grundlegung der menschlichen Wohlfahrt und Würde überhaupt.«[1] Immanuel Kant ging es um die große europäische Sache der Aufklärung, so wie Martin Luther für die Freiheit des Menschen focht.

Wenige historische Figuren haben bis auf den heutigen Tag eine so große Wirkung entfaltet wie Martin Luther. Umstritten ist er allemal. Dagegen scheint zu stehen: Die Gotteshäuser leeren sich und die christlichen Kirchen verlieren rapide an gesellschaftlichem Einfluss.

Dieser Essay geht der Frage nach: Taugt Luther für das 21. Jahrhundert? Da im ausgehenden Mittelalter noch keine Trennung zwischen weltlichem und geistlichem Bereich existierte, war jede theologische Äußerung und jede kirchliche Handlung zugleich eine politische. Der Reformator wird deshalb nicht als Theologe, sondern als Gesellschaftstheoretiker und -praktiker verstanden, als ein Mann, der aktiv in das Leben der Menschen eingriff, begonnen auf der Ebene der Regierungen bis hin zum Alltagsleben. Martin Luther ist der einflussreichste Sozialreformer aller Zeiten. Um zu erfahren, ob Luther noch zu einem in große Veränderungen geratenen Deutschland gehört, ist es erforderlich, sowohl den Reformator als auch die gegenwärtige Verfasstheit Deutschlands zu verstehen. Das setzt voraus, die deutsche Entwicklung auf den Begriff zu bringen. Aus der Perspektive des Essays bedeutet Nachdenken über Luther Nachdenken über Deutschland, und die Auseinandersetzung mit Deutschland führt immer wieder zur Auseinandersetzung mit Martin Luther.

Kapitel 1

Alternative Mensch

Die Grundthese des Essays lautet: Das moderne Deutschland und Europas Moderne beginnen mit Martin Luther.

Am Anfang der Entwicklung der Menschen- und Bürgerrechte steht Luthers Wort von der Freiheit eines Christenmenschen, weil in diesem Text das Individuum entdeckt wird und der neue Glaube und die neue Weltsicht vom Individuum ausgeht. Das bedeutet keinesfalls, die Geschichte Deutschlands und Europas auf den Protestantismus zu reduzieren, aber es verschließt genauso wenig die Augen vor der Tatsache, dass die moderne Gesellschaft entscheidende Impulse von ihm erhielt. Noch weniger bietet die Geschichte eine Gewähr dafür, dass Martin Luther künftig eine andere als eine museale Rolle als Objekt von Gedenktagen spielen wird, vorausgesetzt, dass Musealität sich nicht im fortschreitenden Verlust der Geschichte auflöst. Europa büßt in der EU täglich mehr von seiner Geschichtsfähigkeit und Identität ein.

Gewichtige Gründe legen den Schluss nahe, dass die auch von Martin Luther angestoßene große historische Entwicklung kraft- und ziellos geworden in der Gegenwart verebbt. Man kann das als Verlust oder als Gewinn begreifen – als Freisein von der Freiheit. Wenn man wie E. M. Cioran die Freiheit als Illusion begreift, dann stellt das Aufgeben der Illusion einen Fortschritt dar. In der »Einleitung. Zur Kritik der Hegelschen Rechtsphilosophie« von Karl Marx findet sich der Satz: »Die Forderung, die Illusionen über seinen Zustand aufzugeben, ist *die Forderung, einen Zustand aufzugeben, der der Illusionen bedarf.*«[2] Doch bei E. M. Cioran mündet der Progress sogleich in die Resignation: »Wir fordern nicht Freiheit, sondern die Illusion der Freiheit.

Seit Jahrtausenden plagt sich die Menschheit für diese Illusion ab. Da übrigens die Freiheit, wie man sagt, ein Gefühl ist, welchen Unterschied gibt es zwischen frei *sein* oder sich frei *wähnen*?«[3] Aber der rumänische Philosoph zerbrach früh am Glauben an die Existenz Gottes, nicht, weil er ein Kleingläubiger, sondern weil er ein Großgläubiger war, allerdings ein enttäuschter Großgläubiger. Hat Cioran recht mit der Behauptung, dass die Freiheit ein Gefühl sei? Das hätten die politisch und wirtschaftlich Mächtigen, gleich welcher Couleur, gern, dass man sich mit dem Gefühl von Freiheit zufrieden gibt, anstatt die Freiheit stets aufs Neue einzufordern. Die Freiheit ist kein Gefühl, auch wenn man sich frei zu fühlen oder sich unfrei zu fühlen vermag. Sie existiert oder sie existiert nicht, jenseits von Gefühlen. Bestehen allerdings nur noch Gefühle, Meinungen und Ansichten, dann wird die Realität zu einem Gefühl wie die Freiheit, dann verliert das Subjekt die Objektivität, was von der Werbeindustrie und den Social-Media-Firmen durchaus beabsichtigt ist. Dann wird die Realität durch eine virtuelle ersetzt, was den Menschen zunehmend virtualisiert.

Nichts befindet sich in unseren Tagen in größerer Gefahr als die Freiheit – auch in Deutschland. Eine übersehene Konsequenz lässt sich jedoch bei näherem Hinsehen entdecken: mit dem Glauben an Gott endet geradezu notwendig auch der an die Freiheit, denn das Wesen der Freiheit besteht eben nicht darin, dass sie eine Illusion oder ein Gefühl ist, sondern ihr Wesen besteht in der Wahrheit, genauer in der Suche nach der Wahrheit. Sie definiert keinen Zustand, man kann sich nicht in ihr ausruhen, denn ihre Wirklichkeit besteht im Fordern, in der Bewegung. Freiheit ist nicht, Freiheit wird immer nur. Man ist nicht frei, man wird frei – eben durch die Wahrheit, wie Johannes sagt. Womöglich versiegt in unseren Tagen die große Geschichte der europäischen Moderne, des Christentums und der Aufklärung und verliert sich gleichfalls Luthers Bedeutung, rütteln neue Kräfte das gute, alte Europa durch, was von denen, die überdrüssig des Christentums, überdrüssig der Aufklärung, der Freiheit überdrüssig sind wie der berühmte Esel auf dem noch berühmteren Glatteis, akklamiert wird. Eines jedoch bleibt gewiss: Die Prozesse, die große Veränderungen mit sich bringen, scheren sich nicht darum, wie man sie beurteilt. Findet Geschichte zwar unabhängig von ihrer Beurteilung statt, so vollzieht sie sich dennoch nicht über die Köpfe der Menschen hinweg, sondern nur durch die Menschen. Die Geschichte ist also keine fremde, mysteriöse Macht, sondern das Kräfteparallelogramm menschlichen Handelns. Unter keinen Umständen dürfen die Menschen der Propaganda der Mächtigen auf den Leim gehen, dass sie diesen Prozessen hilflos ausgeliefert seien, oder, in neuerer Diktion, dass man das Geschehen nur noch verwalten könne und dieses Verwalten und Erleiden, Hinnehmen und Erdulden alternativlos sei: Da es ohnehin so kommt, richten wir uns besser darauf ein.

Au contraire, die Menschen besitzen die Vollmacht und die Fähigkeit einzugreifen, zu steuern, zu gestalten. Der Popanz der Alternativlosigkeit, die Monstranz einer sich selbst vergottenden Herrschaft erweist sich als Gotteslästerung in praxi und entblößt doch nur Hybris und Misstrauen gegenüber den Menschen, einen Hang zur Tyrannis. Dabei ist es viel einfacher, Abhilfe zu schaffen, als man denkt. Martin Luther weist den Weg. Die Menschen müssten sich allerdings zuerst ihre Freiheit nehmen, müssten zugleich wieder erfahren, dass sie die wahren Herrscher und Könige sind, müssten sich doch nur in ihrer wahren Größe annehmen, Großmut in sich entdecken und nicht aus Frucht vor der Verantwortung, die sie damit zugleich übernähmen, in Kleinmut versinken. Das unselige Programm der Alternativlosigkeit verhöhnt die Freiheit eines Christenmenschen. Aber der Mensch wurde durch Christus ermächtigt, sich seine Freiheit zu nehmen. Christus ist die Alternative. Es existiert immer eine *via christiani*, eine *via libertatis*. Es setzt doch nur voraus, dass sich der Mensch in Gott findet. Er ist kein Knecht, kein stumpfer Diener, sondern er wurde zur Freiheit geboren, für die Freiheit geschaffen. In Jesus Christus schließt Gott seinen Bund mit den Menschen, er ist Mensch, Menschheit und Gott. Gott im christlichen Verständnis will nicht, dass der Mensch sich vor ihm in den Staub wirft, sondern dass er ihm aufrecht gegenübersteht als sein Ebenbild, und sich seiner Verantwortung bewusst ist. Eine Welt ohne Alternativen wäre eine Welt ohne Menschen. Eine Welt ohne Alternativen wäre eine Welt aus Knechten. In der simplen Erkenntnis liegt dennoch eine ermutigende Konsequenz. Es wird also letztlich für Deutschland an den deutschen Bürgern liegen, ob sie Martin Luther verabschieden, ob sie sich ihrer Geschichte entledigen, um zu frei verfügbaren Konsumsklaven, zu Datenabgasen im Internet, zu Knechten zu werden, und damit das Ich, das Subjekt zur Facebook-Monade, zum Algorithmenfutter und zur Humanschnittstelle funktionalisiert wird. Es liegt in der Hand der Bürger dieses Landes, die Veränderungen zu gestalten, anstatt von ihr gestaltet zu werden. Johann Wolfgang von Goethe brachte das in die poetische und allgültige Fassung: »Auf des Glückes großer Waage/Steht die Zunge selten ein;/Du musst steigen oder sinken,/Du musst herrschen und gewinnen,/Oder dienen und verlieren,/Leiden oder triumphieren,/Amboss oder Hammer sein.«[4] Daran wird sich trotz aller schönen Vorstellungen, aller Verachtung des Logos nichts ändern. Die Welt ist kein Paradies, sondern Bewährung. Sie hält Freude und Schönheit und Lustbarkeiten auch bereit, aber sie ist keine nimmer enden wollende Party. Wer in der Erfahrung des Wohlstandes, den er nicht erarbeitet, sondern ererbt hat, lebt und meint, er könne ihn verteilen, ohne ihn zu mehren, wird bald als Bettler dastehen. Das bezieht sich nicht nur auf die materielle, sondern vor allem auf die geistige Ebene. Das Elend beginnt geistig, bevor es die Massen ergreift.

Nach Martin Luthers Art ohne »Zähne und Hörner« gesagt: Deutschland verspielt nicht nur sein protestantisches, sondern allgemeiner noch sein christliches Erbe. Wozu noch Christ sein? Christ zu sein ist nicht chic, heißt, eine Spaßbremse zu sein, ist reaktionär, langweilig, spießig, ist alt. Wer will schon in diesen märchenhaften Zeiten Christ sein, wer will schon die Kirche im Dorf lassen, wo ein Shoppingcenter oder ein Freizeitpark an dieser Stelle begrüßenswerter wäre? In Sonntagsreden kommt der Reformator zwar noch vor, aber eher als Objekt der Kritik, als Antisemit, als Bauernschlächter, als abergläubiger Mensch. Zur Qual wird Martin Luther für die so hübsch medial an ihm leidende Beauftragte für das Reformationsjubiläum der EKD, die sich eigentlich an ihm freuen sollte. Ohnehin gewinnt man den Eindruck, dass in der Reformationsdekade nicht Martin Luther, der Vielgescholtene, der nicht mehr in die Zeit Passende, der Mann, dessen Theologie so gefährlich ist wie die Heilkünste eines Baders aus dem 16. Jahrhundert[5], gewürdigt wird, sondern der Rat der EKD sich selbst als Höhepunkt einer heiligen Säkularisation und als hohe politische Instanz feiert. Es stellt sich die Frage, ob nicht an die Stelle Luthers ein zumutungsfreier Wohlfühlprotestantismus gesetzt wird, mit dem Professor der Theologie oder dem Ratsvorsitzenden der EKD, der sich kräftig für Martin Luther schämt[6], als Heilsheros der neuen Lehre? So kuschelig war es noch nie, der Sieg der Ideologie über die Religion scheint perfekt, Luther entsorgt zu sein. Ach, wie schön ist es doch, für das Gute zuständig zu sein, im Grunde die bessere, die ideale sozialdemokratische Partei abzugeben. Man gewinnt personell ohnehin den Eindruck, dass Ratsvorsitzender der EKD ein Parteiamt der SPD ist, wie der Vorsitz des Zentralkomitees der Katholiken einem CDU- oder CSU-Politiker zusteht. Wenn Christ zu sein als langweilig und spießig empfunden wird, dann liegt das am spießigen Establishment der evangelischen Kirchen. Dann liegt das an einem Rat der EKD, der Luther gegen den Zeitgeist von vorgestern eingetauscht hat, der von der Religion in die Ideologie wechselte, denn Linksprotestantismus ist keine Religion, sondern eine Ideologie, wie auch der Rechtsprotestantismus.[7]

Wenn die Kirchen zu Parteihäusern[8] gemacht werden, dann werden sich die Christen wieder an anderen Orten, in den modernen Katakomben versammeln müssen.

Hinter der etwas plakativen Frage, ob Luther zu Deutschland gehört, steht bei Licht besehen keine theologische, sondern eine zutiefst gesellschaftliche Herausforderung und freilich auch Entscheidung, das meint: Die Frage erschöpft sich nicht im Theologischen.

Vielleicht sitzt die fachwissenschaftliche Theologie einem Irrtum auf. Weil im Mittelalter und der beginnenden Neuzeit die Theologie eine Universalwissenschaft darstellte, galt sie als Königsdisziplin der Gesellschaft, als die Gesellschaftswissenschaft schlechthin. Sie thronte über den beiden anderen Fakultäten, der Medizin und der Jurisprudenz. Die Philosophie und die Naturwissenschaften als Naturphilosophie, soweit sie nicht zur Medizin gehörten, hatte sie sich ohnehin einverleibt. Will man Martin Luther gerecht werden, möchte man ihn wirklich verstehen und sein großes Werk fruchtbar machen, so gilt es, ihn aus der Beschränkung der fachwissenschaftlichen Theologie zu lösen und ihn als großen Gesellschaftsphilosophen, Ethiker und Wirtschaftswissenschaftler zu verstehen. So wie Martin Luther das Wort Gottes den Theologen seiner Zeit entriss, indem er es verdeutschte, den Priestern ihre Vormachtstellung nahm und allen Christen die Vollmacht für das Wort Gottes ins Bewusstsein rief, so muss das Denken des Reformators und die Bibel den Theologen genommen und den Christen gegeben werden, denn Luther sprach nicht zu den Theologen, sondern zu den Christen, die doch alle einem königlichen Geschlecht von Priestern angehören und alle gleich sind, weil alle frei sind. Ihre Gleichheit resultiert aus ihrer Freiheit. Ohne Freiheit wird es keine Gleichheit geben. Von hier aus gelingt ein neuer Zugang zu einem teils unter Ideologien und Vorurteilen verschütteten Christentum. Europa entstand weniger aus der Organisation der Kirche, sondern vor allem aus dem Geist des Christentums, denn aus dem Geist des Christentums, insbesondere aus der Trinität erwuchsen die Aufklärung, die Idee der Menschenrechte, die modernen Wissenschaften und die großen technischen und zivilisatorischen Erfolge. Das Christentum bildet den Nährboden der großen europäischen Erfolgsgeschichte. Entledigt man sich des Christentums, verabschiedet man sich gleichfalls von der einzigartigen zivilisatorischen Fähigkeit und versinkt in einen Atavismus dumpfer Lustigkeit.

Die gegenwärtige Krise Europas überrascht in diesem Zusammenhang nicht. Sie ist zuallererst eine Krise der geistigen Grundlagen und findet ihren Ursprung in der Abkehr von den Werten, vom Christentum, von der Freiheit, von der Freiheit eines Christenmenschen. Europa wird christlich sein, oder es wird nicht sein. Das bedeutet ganz und gar nicht, dass alle Europäer Christen zu sein haben oder sein sollten, damit wird keine Missionsabsicht verbunden noch die Forderung einer Verchristlichung und auch kein Kirchenzwang erhoben, sondern das verweist allein, aber mit notwendigem Nachdruck auf die christliche Grundlage und Identität unserer bürgerlichen Werte. Vergisst Europa diese, vergisst Europa sich selbst. Historischen Analoga wohnen eine gewisse Fragwürdigkeit inne, doch sagt man keinesfalls zu viel, wenn man die aktuelle Destabilisierung mit der in der Spätantike vergleicht. So paradox es auch für einige Ohren klingen mag, ging die Religionsfreiheit aus dem Christentum hervor. Damit die Religion Privatsache werden konnte, musste zunächst die Privatheit und davor das Individuum, dessen Lebensraum die Privatheit darstellt, gefunden werden – und das Individuum, das Ich, wurde von Martin Luther entdeckt, dem er erstmals im Glauben begegnete. Der moderne Begriff des Fortschritts nimmt seinen Anfang in der Vorstellung der steten Vervollkommnung der Seele im Glauben. Der Glaube wird in der Neuzeit zur ersten Privatsache und eröffnet zugleich die privaten Räume dem Menschen. Mit der Privatheit entsteht auch ihr Schutz, denn das Wort *Geheimnis* oder *geheim* hat seinen Ursprung im *Heim*. Das, was man daheim, im eigenen Heim äußert, geht die Öffentlichkeit als Gegenbegriff zur Privatheit nichts an. Diese Privatheit, die in Zeiten von Facebook, Google und Amazon zu eigenem, doch oft nicht erkanntem Schaden so gering geachtet wird, gehört hingegen zu den Bedingungen der Freiheit. Ohne den Schutz der Privatsphäre keine Freiheit.

Kapitel 2

Ungewisses Deutschland

Die Frage, ob Luther zu Deutschland gehört, stellt sich inmitten einer verunsicherten Gesellschaft, einer Gesellschaft im Umbruch, genuin gesagt, sie entspringt dem großen Wandel, der bereits vor einigen Jahren eingesetzt hat, lange vor der Flüchtlingskrise. Die Masseneinwanderung ist Teil dieser großen Gesellschaftskrise, aber nicht die Krise selbst. Die Fokussierung auf die Masseneinwanderung mag dem regierenden Establishment vielleicht sogar recht sein, lenkt sie doch von den tieferen Fragen ab, die grundsätzlich gestellt werden müssen. Die tektonischen Platten der Gesellschaft sind unwiderruflich in Bewegung geraten, Prozesse entfalten sich, die zwar niemand aufhalten, die man aber gestalten kann.

Keine europäische Gesellschaft existiert ohne Religion. Lehnt sie die monotheistische Religion ab, diversifiziert sie sich so lange in Ersatzreligionen, bis sie eine neue Einheit findet, und sei es nur in der depravierten Form einer Ideologie, der zudem eine Neigung zum Totalitarismus innewohnt, weil für sie das Prinzip der Freiheit im Glauben fremd bleiben muss. Der existenzielle Skandal der Endlichkeit, das Wissen um den Tod der Physis lässt entweder nach Sinn, nach Trost, nach Vergessen und Betäubung oder nach Alternativen in unserer metaphysischen Not suchen. Zuweilen versteigt man sich in die Idiosynkrasie, dass man den Skandal der Endlichkeit technisch lösen könnte.

Die Freiheit aber beginnt, wie man noch sehen wird, im Glauben. Geht also die Geringschätzung des christlichen Erbes mit einer vollkommenen Agnostizität einher oder wird das religiöse Vakuum von anderer Seite gefüllt?

Von hoher politischer Stelle wird inzwischen behauptet, dass der Islam zu Deutschland gehöre. Diese Aussage, die – wenn überhaupt – mit dem Verweis auf eine schlichte Quantität begründet wird, begrüßen die einen als Beweis der Weltoffenheit Deutschlands, andere hingegen befürchten, wieder andere hoffen sogar darauf, dass dem Islam in nicht allzu ferner Zukunft Deutschland gehören wird. Schon wird gefordert, dass Arabisch für alle deutschen Schüler als Pflichtfach eingeführt wird.[9] Der Fraktionschef der Berliner SPD trug vor Studenten in Istanbul 2015 seine Vision für die Bundesrepublik im Jahr 2030 vor. Er wünschte sich, dass in anderthalb Jahrzehnten »die Kanzlerin der Bundesrepublik Deutschland, Frau Hariye Bayar, eine gläubige Muslima« sein würde.[10] Damit hat er zumindest sein politisches Ziel definiert. Angesichts der so prononcierten wie auch prominenten Deklaration stellt sich die Frage, ob das nur die Einzelmeinung eines, wenn auch hohen, SPD-Funktionärs darstellt oder darin das Ziel einer Strömung innerhalb oder der ganzen Partei besteht? Expressis verbis wünscht sich der Funktionär als Bundeskanzlerin der Bundesrepublik Deutschland nicht nur eine Muslima, sondern sogar eine gläubige Muslima, eine, die es sehr ernst mit dem Islam meint. Bisher hat die islamische Theologie noch nicht verbindlich geklärt, wie es sich mit Islam und Demokratie verhält. Steht Gottes Gesetz oder das Gesetz der Menschen höher? Müsste eine gläubige Muslima nach Maßgabe der islamischen Theologien nicht die Scharia über das Grundgesetz stellen?

Angesichts der Ignoranz vieler Deutscher gegenüber der Tragödie des orientalischen Christentums muss in diesem Zusammenhang daran erinnert werden, dass in den meisten muslimischen Ländern Religionsfreiheit ein Fremdwort ist und Christen unterdrückt werden. Sogar in der als westlich geltenden Türkei. Von der Religionsfreiheit, die türkische Muslime in Deutschland genießen, können die Christen in der Türkei nur träumen. Vor dem Hintergrund, dass die Vertretung der türkischen Muslime, die Ditib, ein Verein ist, der von der türkischen Religionsbehörde mitbegründet wurde, stellt sich die Frage, ob die Ditib sich religiöse Verhältnisse in Deutschland wünscht, wie sie in der Türkei herrschen? Da die Ditib nicht sowohl die Verhältnisse in der Türkei als auch in Deutschland gleichzeitig gutheißen kann, wird sie sich erklären müssen, wie sie es mit der Religionsfreiheit hält, in Deutschland und in der Türkei. Dabei darf die Türkei in dieser Hinsicht unter muslimischen Ländern noch als vergleichsweise liberaler Staat gelten. Vor der Auslöschung der großen Tradition des orientalischen Christentums verschließt man hierzulande gern, zuweilen sogar mit unterdrückter Häme, die Augen. Es widerfährt ja nur Christen. Von den 1,3 Millionen Christen, die sich 1991 im Irak befanden, leben heute dort nur noch ca. 300.000. In Mossul hat seit 1600 Jahren zum ersten Mal Weihnachten 2015 kein christlicher Gottesdienst stattgefunden, weil der IS die Stadt beherrscht. Die islamistische Boko Haram in Nigeria und die al-Shabab in Somalia verbünden sich mit dem IS. Die Folge: In Kenia wird eine Universität angegriffen, bei der 148 Menschen sterben. In Nigeria attackiert Boko Haram eine Stadt und benutzt dabei Frauen, die sich als Selbstmordattentäterinnen in die Luft sprengen. Die Wiegen unserer Kultur, wie das antike Palmyra, werden zerstört, weil die Kultur den islamistischen Ideologen des IS als Hauptfeind gilt. Freiheit stellt die größte Bedrohung ihrer Herrschaft dar. Unter den islamistischen Gruppierungen bricht ein Wettbewerb aus, wer am grausamsten vorgeht. Das trifft besonders die Christen. Der Sudan hat kürzlich unter Hinweis darauf, dass er ein muslimischer Staat sei, das Feiern von Weihnachten verboten und unter Strafe gestellt. Es wird geschätzt, dass weltweit 100 Millionen Christen verfolgt werden.

Die Deutschen haben natürlich das Recht, die Bundesrepublik in einen religiösen, in einen buddhistischen, in einen parsischen, in einen schintoistischen, in einen hinduistischen oder in einen muslimischen Staat zu verwandeln, wenn sie es denn mehrheitlich wollen. Aber sie müssen gefragt werden, ob sie das wollen. Dass eines Tages eine Mehrheit in Deutschland sich einen muslimischen Staat mit einer gläubigen Muslima als Bundeskanzlerin wünschen könnte, scheint denkbar zu sein, wenn man die Demografie befragt.[11] Die bündnisgrüne Fraktionschefin hat in ihrer Rede vor dem Deutschen Bundestag am 19. September 2015 festgestellt, dass bereits heute 30 Prozent der Kinder und Jugendlichen einen Migrationshintergrund haben, dabei habe sie aber »die Ossis noch nicht mitgerechnet«[12]. Der religiöse Hintergrund der Mehrzahl der Migranten ist dabei nun einmal muslimisch.

In dieser objektiven Entwicklung wurzeln die Ängste in diesem Land, denn die Kinder und Jugendlichen von heute sind die Wähler von morgen. Das Erstarken des Salafismus in Deutschland und der islamistische Terror in Großbritannien und in Frankreich sind nun wahrlich keine Beweise für eine gelungene Integration. Michel Houellebecq scheint in seinem im Januar 2015 erschienenen Roman *Die Unterwerfung* die Vision des SPD-Funktionärs poetisch vorweggenommen zu haben. An Houellebecqs melancholischer Satire erstaunt, wie widerstandslos, geradezu als Ausdruck höchster Vernunft, der große kulturelle und gesellschaftliche Wandel, das Neue sich vollzieht, weil die etablierten Parteien Frankreichs die Islamisierung in Kauf nehmen, um einen Wahlsieg des *Front National* zu verhindern. Besser muslimisch als rechts. Diesen Wandel erlebt ein gelangweilter Literaturprofessor, der sich mit dem Werk eines katholischen Schriftstellers aus dem ausgehenden 19. Jahrhundert beschäftigt. Besagter katholischer Schriftsteller, Joris-Karl Huysmans, begründet den Entschluss seines Protagonisten in dem Roman *Gegen den Strich*, der sich angewidert von der Geistlosigkeit und dem platten Konsumstreben seiner Welt zurückzog, mit den Worten: »Zu der Zeit war es auch, dass er die Freidenker, die Prinzipienreiter der Bourgeoisie wahrnahm, jene

Leute, die alle Freiheiten forderten, um die Meinungen der anderen zu ersticken ... er begriff schließlich, dass sich die Welt zum Großteil aus Maulhelden und Dummköpfen zusammensetzte ...«[13]

Eine dritte Position, die man keinesfalls übersehen noch unterschätzen darf, moniert, dass man nur noch über den Islam redet und nicht mehr über Deutschland, nicht mehr über das Christentum, nicht mehr über die Identität, nicht mehr über das Eigene spricht. Das Eigene scheint inzwischen verpönt zu sein, das Reden darüber entweder als eine kaum entschuldbare Geistesschwäche oder als eine wahrlich schlechte Angewohnheit angesehen zu werden, wenn sie nicht gleich als rechtes Gedankengut gebrandmarkt wird. Für eine Demokratie sollte es ein besorgniserregender und vor allem alarmierender Befund sein, wenn ein renommiertes Meinungsforschungsinstitut feststellt, dass sich eine Mehrzahl der Bundesbürger nicht mehr traut, offen die eigene Meinung zu vertreten. Die Debatten in Deutschland leiden am Aschenbrödel-Syndrom: die Guten ins Töpfchen, die Bösen ins Kröpfchen. Die andere Meinung wird nicht mit Neugier auf unterschiedliche Sichtweisen begrüßt, wie es in einer Demokratie notwendig ist, sondern, wenn sie sich schon nicht verhindern lässt, abgewertet. Martin Luther erkannte bereits die Folgen dieses ausschließlich der Nützlichkeit verpflichteten Verfahrens: »Wenn du so Bücher lesen und nach deinem Mutwillen deuten willst, welch Buch will vor dir (bestehen) bleiben?«[14] Das Argument, die Analyse, die Meinung werden unter dem Aspekt betrachtet, in welches politische Lager der Verfasser gehört, wobei der Inhalt des Gesagten keine Rolle zu spielen scheint und Zitate, aus dem Zusammenhang gerissen, als Grundlage für die anschließende Skandalisierung dienen. Keulen sind im weiten und inflationären Gebrauch und scheinen preisgünstig im Angebot zu sein. Verdächtigungen werden zum wohlfeilen publizistischen Stilmittel, und die Sprache wird entrationalisiert zugunsten einer an Obskurantismus reichenden Emotionalisierung. Die vielfältig wachsenden Probleme Deutschlands werden jedoch nicht gelöst, wenn man sich bereits auf der intellektuellen Ebene weigert, argumentativ Meinungen, Analysen und schließlich Alternativen zu prüfen, sondern sie nur danach ordnet, ob sich eine linke oder eine rechte Ideologie in einem Satz, einem Adjektiv oder in den Anschauungen findet. Wenn Journalisten zu Zensoren werden, dann endet die öffentliche Diskussion. Es ermüdet nicht nur, sondern führt auch nicht weiter, jede Äußerung unter Verdacht zu stellen. Zudem stellt sich grundsätzlich die Frage, ob die politische Unterteilung in *rechts* und *links*, wie sie im 19. Jahrhundert entstand, überhaupt noch sinnvoll ist und sie ihr Überleben nicht dem simplen Umstand verdankt, dass sie so wirkungsvoll schlechte Dienste leistet.

Gerade Martin Luther bezog im Bauernkrieg sowohl Position gegen die Herren als auch gegen die Bauern, erkannte dabei die Beschwerden der Bauern und prangerte die Schlechtigkeit der Obrigkeit an, doch wandte er sich zugleich dagegen, dass die Bosheit der Obrigkeit die Bauern ihrerseits zur Grausamkeit ermächtigte. Der Reformator nahm jedoch keine Mittelposition ein, agierte auch nicht opportunistisch, sondern versuchte allen Seiten ins Gedächtnis zu rufen, dass sie von ihrem Unbill, ihrer Wut, ihrer Gier ablassen sollten und sich daran erinnern mochten, dass sie alle gleichsam Kinder Gottes wären und jeder seiner Verantwortung gerecht würde, denn woher sollte sonst die Gerechtigkeit kommen, wenn niemand seine Verantwortung wahrnähme? In seinen Schriften hatte er ein Staatswesen und das Leben unter einem solchen beschrieben, wie es auf christlicher Grundlage rechtens und wünschenswert wäre und so allen zugute käme, mithin auch nicht der Gerechtigkeit entbehrte. Nun suchte er die kämpfenden Parteien zum Frieden anzuhalten, dazu, zum Nutzen ihrer *patria*, ihres Seelenheils, ihres Lebens, ihrer Kinder und Kindeskinder zu handeln. Angesichts des Grauens des Bauernkrieges befiel auch ihn die Panik, fragte er sich mit Schweiß auf der Stirn, ob ihm nicht durch sein Denken, durch sein Handeln große Schuld an diesem Bürgerkrieg, an der Zwietracht seiner »lieben Deutschen« zufiele? Der Wille, Ordnung im Zerfall, im Chaos zu finden, trieb ihn auch zu Formulierungen, die weit über das Ziel hinausschossen. Aber ihn leitete die Sorge um diese neue *res publica christiana*, die Angst, dass sie verspielt, dass sie gemeuchelt werden könnte. Seines Glaubens war er sich gewiss, nicht seines Deutschlands, nicht seiner Mitbürger.

»Überwältigungsjournalismus« (*Neue Zürcher Zeitung*) löst keine Probleme, leistet aber vielleicht einen Beitrag zur Schaffung eines seriösen Problems: dem Verstummen der Bürger, die keine politische Heimat mehr haben. Der Vorsitzende der SPD-Fraktion im deutschen Bundestag beschrieb das Problem präzise: »Bodenständig Konservative haben in der CDU keine politische Heimat mehr«, kritisierte er in der *Welt am Sonntag*. »Merkel macht Millionen Bürger politisch heimatlos. Das ist ein schweres Versäumnis und ein Grund dafür, dass auch nicht-extreme Wähler zur AfD abwandern.«[15] Die Frage der Identität, des Eigenen, dessen, was man sich gewiss ist, betrifft nicht nur »bodenständig Konservative«, sondern alle Bürger des Gemeinwesens. Gewisse Identität wird selbstverständlich gelebt, ohne dass darüber debattiert wird, ungewisse Identität thematisiert sich hingegen selbst wie das heftig Verdrängte aus so existenzieller wie metaphysischer Not heraus. Ein anderes Wort für metaphysische Not lautet: Verlust von Sinn. Das Wörtchen *Sinn* gehört zu den geheimnisvollsten der deutschen Sprache, weil es sich auf das Innerste bezieht. Bereits im Indogermanischen findet sich die Wurzel *sent*, die so viel bedeutet wie: eine Richtung nehmen. Im Lateinischen stößt man im Verfolgen der Etymologie auf das Wort *sensio*, was wahrnehmen, fühlen, empfinden heißt. Sinn ist wahrgenommenes Sein und wahrnehmend Seiendes in einem. Da Wahrnehmung immer von etwas zu etwas geht, setzt es das Eine, das mit sich selbst

Identische, die Identität voraus. Man könnte René Descartes dahin gehend paraphrasieren: Ich nehme wahr, also bin ich (*cognovi, ergo sum*). Mit dem Verlust an Sinn verlieren sowohl das Individuum als auch die Gesellschaft die Wahrnehmung und mit ihr die eigene Handlungsfähigkeit.

Die Situation ist dramatisch. Sie ist dramatisch, weil einstweilen die noch recht ruhige Oberfläche die seismischen Störungen in der Tiefe verdeckt. Ihre Dramatik erkennt man indes an der Heftigkeit der öffentlichen Debatte unter den Protagonisten bei gleichzeitig größter Zurückhaltung einer wachsenden Anzahl von Bürgern, die, unbeschadet ihres Schweigens, recht genau die Entwicklung beobachten. Sie haben die Befürchtung, im *modus irrealis* des Meinungsstreits unter die Räder zu kommen. Sie halten sich noch zurück, aber nur so lange, wie sie einen Rückhalt besitzen. Die Gesellschaft verbraucht ihre Gewissheiten in rasanter Geschwindigkeit und entwertet sich in der Pausbäckigkeit einer unwirklichen Moralprahlerei, in der Buffonade sinnloser Worte. Der Diskurs verkommt zur Rechthaberei, die mit allen zur Verfügung stehenden Medien durchgesetzt wird. Leider verfügt man nur noch über ein einseitiges Bild von der Pressefreiheit, dabei existiert sie ausschließlich dann, wenn beide Seiten zusammenwirken. Zum einen muss Presse über alles berichten dürfen und ist frei in ihrer Berichterstattung, zum anderen hat sie – und das ist genauso wichtig – sich von der Inanspruchnahme durch die Mächtigen fernzuhalten und von ihr unabhängig. Fehlt das eine, fehlt auch das andere, existiert Pressefreiheit nicht. Die Freiheit der Presse ist Passivum und Activum zugleich, ist eine Freiheit für die Arbeit der Presse, geht aber im gleichen Maß von der Presse aus, indem die Presse frei gemäß ihres Zwecks agiert und sich nicht vereinnahmen oder sich sogar in den Dienst stellen lässt.

Der Journalist Hajo Friedrichs hatte das Ethos der Objektivität, das für den Journalisten die gleiche Bedeutung haben sollte wie für den Arzt der hippokratische Eid, so formuliert:

»Das hab' ich in meinen fünf Jahren bei der BBC in London gelernt: Distanz halten, sich nicht gemein machen mit einer Sache, auch nicht mit einer guten, nicht in öffentliche Betroffenheit versinken, im Umgang mit Katastrophen cool bleiben, ohne kalt zu sein. Nur so schaffst du es, dass die Zuschauer dir vertrauen, dich zu einem Familienmitglied machen, dich jeden Abend einschalten und dir zuhören.«[16] Die Medien haben keinem anderen Zweck zu folgen als der objektiven Berichterstattung. Die *Neue Zürcher Zeitung* skizzierte hingegen den deutschen »Überwältigungsjournalismus« mit den Worten: »Einseitigkeit war Trumpf: Die Umarmung der fernen Fremden ging einher mit rabiatem Kommunikationsabbruch dem deutschen Nachbarn gegenüber, der sich nicht auf die kommenden gesellschaftlichen Veränderungen freuen wollte. Kritische Distanz zu den Akteuren, genaue Recherche, die Zurückhaltung im Urteil bei unklarer Faktenlage, die gründliche Ausleuchtung der Hintergründe, Fairness bei der Präsentation unterschiedlicher Meinungen und ein analytischer Blick, der übers Aktuelle hinaus die Folgeprobleme einzuschätzen versucht, all das schien plötzlich unangemessen zu sein.«[17] Auf diese Weise gerieten die journalistischen Genres Berichterstattung, Reportage, Meinung und Kommentar teils durcheinander, teils vermischten sie sich. Die *Neue Züricher Zeitung* resümierte: »Die Forderung eines ›Spiegel‹-Kolumnisten nach einem ›neuen Journalismus‹, der aktivistischer, leidenschaftlicher auftritt, wurde übererfüllt.«[18] Frank Lübberding schrieb in der *FAZ* nach dem medialen Supergau in der Berichterstattung über die Kölner Ereignisse: »Es wird nicht um Sachverhalte gestritten, sondern um politische Deutungshoheit. Auch wenn man dabei zu elementaren Fakten in Widerspruch gerät.«[19] Wenn Medien die Prinzipien der objektiven Berichterstattung aufgeben, weil sie an der Meinungsbildung mitwirken wollen[20], anstatt sie durch objektive Berichterstattung zu ermöglichen, werden sie zu Propagandisten, legen sie die Axt an ihre Wurzel. Die Wurzel heißt Glaubwürdigkeit.[21]

Es hat den Anschein, dass die Grobheit der Wortwahl und die Neigung, sowohl andere Standpunkt moralisch zu inkriminieren als auch Popanze aufzurichten, gegen die man mit viel Geschrei ins Feld zieht, nur die Ratlosigkeit kaschieren soll, die diejenigen zu überdecken wünschen, die öffentlich gewordene Ratlosigkeit als Machtverlust fürchten. Der Vertrauensverlust gegenüber den Medien schreitet jedoch noch schneller fort, wenn die Bürger erkennen, dass man ihnen als Lösungen Potjomkinsche Dörfer präsentiert. Und darin sind die Bürger besser als die Zarin Katharina. Der einsetzende Wirklichkeitsverlust folgt jedoch nicht aus subjektivem Versagen, sondern besitzt objektive Ursachen und stellt in der Geschichte kein neues Element dar. Die Wirklichkeit einer Gesellschaft reduziert sich, wenn ihr integrativer Movens schwindet, wenn sie verliert oder aufgibt oder nicht mehr lebt, was sie zusammenhält.

Den Historiker überrascht die aktuelle Situation keineswegs, sondern er erkennt Prozesse wieder, die stets einsetzen, wenn große Paradigmenwechsel anstehen wie der von der Spätantike zum Mittelalter oder vom späten Mittelalter zur Neuzeit, weil er die Grammatik eines solchen historischen Wechsels studiert. So zeigt sich die vehemente Zuspitzung der Diskussion als sicheres Indiz dafür, dass Deutschland seit einiger Zeit zunächst noch unbemerkt, inzwischen offensichtlich in Bewegung geraten ist. Mit einem Wort gesagt: Geschichte findet statt. Das Wesen einsetzender Geschichte besteht darin, dass sie desintegrierend wirkt. Solange der Interessensausgleich innerhalb einer Gesellschaft funktioniert, befindet sie sich in Ruhe. Natürlich setzt die große Unruhe nicht nur in Deutschland ein. Sie hat Frankreich, sie hat die Niederlande, sie hat Schweden, sie hat Polen und Ungarn, sie hat Griechenland und Spanien, sie hat Europa ergriffen. Doch es empfiehlt sich, in diesem kleinen Essay die deutsche Perspektive beizubehalten, auch wenn das eine oder andere, vor allem aber die Situation eines Wandels, allen gleich ist. Generell rutscht Europa wie auf einer schiefen Ebene in den Strudel eines großen Paradigmenwechsels. Die etablierten Parteien sind bis zur Erschöpfung damit beschäftigt, ihre Ratlosigkeit zu verbergen, die neuen oder plötzlich erstarkende Parteien, ob im linken oder im rechten Spektrum, setzen auf Ideologien. Damit erweisen sie sich paradoxerweise als die gelehrigsten Schüler der 68er, sowohl die Linken als auch die Rechten. Es hat den Anschein, dass die etablierten Parteien immer weniger die Mitte der Gesellschaft vertreten. Auf diesen Verlust reagieren sie mit dem falschesten Mittel: mit Pädagogik.

Man muss sich von der romantischen Vorstellung befreien, dass Geschichte etwa Schönes, eine Art Abenteuerurlaub, eine kurze Unterbrechung des Alltags zugunsten einer abgesicherten Exotik sei, ein kurzer und bunter Vormärz in einem ewigen Biedermeier. Aber auf den Vormärz folgt der März wie das Amen in der Kirche auf das Vaterunser. Das ist das Einzige, was wirklich alternativlos ist. Die besten Zeiten für die Menschen sind stets die, in denen keine Geschichte anhebt. Wenn es einen Unterschied zwischen den Westdeutschen und den Ostdeutschen gibt, dann den, dass die Ostdeutschen sich noch an Geschichte erinnern können, während die Westdeutschen sie gründlich vergessen zu haben scheinen. Sie wollen die mächtige Bewegung, die eingesetzt hat, nicht wahrhaben und verdrängen sie nach Kräften. Schuld wird wie immer und noch eine ganze Zeitlang der Bote sein, der jedoch nur die unangenehme Kunde überbringt, sie aber weder ersonnen hat, noch an ihrer Ursache beteiligt ist. Man wird ihn als Reaktionär, als Nestbeschmutzer, als Pessimisten, als Ängstling, als Panikmacher, als Nörgler, als überalterten Wohlstandsbürger diffamieren. Man wird an ihn die unmissverständliche Aufforderung richten, dass er, wenn er sich schon nicht in Glied stellen und an dem großen Werk mittun will, verschwinden, am besten das Land oder seinen Posten oder noch besser beides verlassen soll.

Schon wird von ausländischen Beobachtern wie von dem englischen Autor Hans Kundnani die Frage gestellt, ob

Deutschlands Weg nach Westen endet und sich das Land in der Mitte Europas vom Westen abkehrt?[22] Um sie zu beantworten, müsste vorher allerdings geklärt werden, ob Heinrich August Winklers Geschichtsprojektion, sein »langer Weg nach Westen«, mehr der Realität oder dem Wunsch folgt, und davor natürlich noch, ob das von Winkler umrissene Projekt *Westen* überhaupt konsistent und kohärent ist. Bei näherem Hinsehen könnte sich allerdings Winklers normatives Projekt als ein Phantom, der *Westen* als Widergänger von Hegels Weltgeist erweisen. Existiert der *Westen,* und wenn ja, was ist er? Und wenn alle Worte auf den Begriff gebracht worden sind, stößt man vielleicht auf die letzte aller Fragen, ob es nicht obsolet ist, darüber nachzudenken, ob sich Deutschland vom Westen abkehrt, weil vielleicht der *Westen* selbst auseinanderbricht, vorausgesetzt, dass unter *Westen* nicht von Anfang an nur die USA verstanden worden war? Vieles spricht dafür, dass Winklers honorige Vorstellung vom *Westen* in das Reich der politischen Romantik gehört, in dem sich die Deutschen nur allzu gern aufhalten, solange zumindest, bis der Wind der Geschichte das hübsche Gespinst auflöst und sie aus ihren Träumen jagt. Will man ein Modell für politische Romantik versus politischer Rationalismus in der deutschen frühen Neuzeit aufstellen, dann eignet sich dazu die Gegenüberstellung von Thomas Müntzer und Martin Luther.

Politische Romantik findet ihren Ursprung in einem Okkasionalismus, der Luther fremd ist, und in einer seltsamen Interpretation der Pragmatik, nämlich ihrer romantischen Lesart. Der Politikansatz der Kanzlerin scheint philosophisch gesehen keine Politik des Sinns, sondern der Gelegenheiten, der *occasiones* zu sein, der nicht vom Sinn und Sinnvollen ausgeht, sondern von der ergreifbaren Gelegenheit. Ein Indiz hierfür findet sich in ihrer Sprunghaftigkeit. Diese Sprunghaftigkeit spiegelt aber nur objektiv schwindende Werte in einer immer unwirklicher werdenden politischen, vor allem aber wirtschaftlichen

Situation wider. Deutschlands Wirtschaft ist fragiler, als man denkt, und verwundbarer, als uns allen lieb sein kann.

Die Angst vor der Islamisierung Deutschlands entspringt nicht weniger der politischen Romantik wie die allzu schnell dahin gesagte Behauptung, dass der Islam zu Deutschland gehöre. Ganz und gar wandeln jedoch diejenigen in den holdseligen Gefilden eben jener Romantik, die so gern ein neues Deutschland inaugurieren möchten, wo man doch noch nicht einmal weiß, was das gegenwärtige Deutschland ist, noch weniger, warum man es überwinden soll, wo es doch vielen eine gute Heimat bietet, zudem ein geachtetes und stabiles Land in Europa darstellt – und das nur aus einem einzigen Grund: weil sich die Gelegenheit dafür zu bieten scheint. Man verfolgt eine bestimmte Politik nicht deshalb, weil sie notwenig ist, sondern weil sie sich gerade anbietet, so wie man etwas kauft, nicht, weil man es benötigt, sondern weil gerade ein Sonderangebot mit »satten Rabatten« offeriert wird. Gerade weil noch niemand überzeugend begründen konnte, warum sich Deutschland verändern muss, wird diese Forderung umso lautstärker vorgebracht. Es existiert dafür auch kein rationaler Grund, sondern nur die subjektive Möglichkeit, es zu tun oder, besser noch, es mit viel Beifall und umrankt von Rhetorik geschehen zu lassen. Wie viel Hohn und Mitleid würde ein Franzose oder ein Engländer ernten, der seinen verdutzten Landsleuten mitteilte, dass es an der Zeit sei, dass sich Frankreich oder England änderte und ein neues Frankreich oder neues England erstrebenswert sei?

Man wird angesichts der politischen Romantiker unwillkürlich an Kafkas Aphorismus erinnert: »Er läuft den Tatsachen nach wie ein Anfänger im Schlittschuhlaufen, der überdies irgendwo übt, wo es verboten ist.«[23] Der Grund der politischen Romantik findet sich zunächst darin, dass Deutschland jegliche objektive Instanz verabschiedet zu haben scheint. Er findet sich weiter im Überdruss einer Gesellschaft, die nur der Nervenkitzel daran erinnert, dass sie noch nicht gestorben ist. Letzteres nennt man historisch Dekadenz: Wer den anderen nur noch zur eigenen Bestätigung braucht, betreibt im Grunde moralischen Vampirismus. Der Nervenkitzel übrigens heißt Geschichte. Man will wieder dabei sein, wenn etwas geschieht. Man will die Gelegenheit ergreifen. Nur wird dabei vergessen, dass man nicht aus der Geschichte aussteigen kann wie aus einem Flugzeug nach der Rückkehr von einer Adventure-Tour. Was sich so vernünftig gibt, ist, blickt man durch den Wortdunst, pure Romantik oder, schlimmer noch, purer romantischer Okkasionalismus.

Rationale Politik hingegen definiert die eigenen Interessen in der wirklichen Welt und handelt dementsprechend in der Realität. Sie kann das, weil ihr die eigenen Interessen, die Identität weder ungewiss, noch fragwürdig sind, sondern die Interessen sich aus der Identität ergeben. Sie hat Ziele statt Gelegenheiten. Rationale Politik weiß daher, für wen und in wessen Auftrag sie Politik macht.

Kapitel 3

Martin Luther und die Entdeckung der deutschen Identität

Die Vorstellung, dass der Islam zu Deutschland gehört, scheint Deutschland vom Islam aus zu definieren. Wenn Deutschland vom Protestantismus, letztlich von Martin Luther geprägt wurde, ergibt sich aus der Ungewissheit des gegenwärtigen Deutschlands wie von selbst die Frage, ob Luther zu Deutschland gehört. Martin Luther, der gegen die Türken und für den Heerzug gegen die Osmanen predigte, weil sie keine Christen, sondern Muslime waren, und ein Islam, der zu Deutschland gehört, schließen einander auf den ersten Blick aus. Muss man sich von Martin Luther verabschieden, damit der Islam zu Deutschland gehören kann?

Von den Vertretern der politischen Romantik dürften nur Träume statt Antworten zu erwarten sein. Im politischen Diskurs stellen Träume allerdings ein seriöses Problem dar, weil man über Träume nicht streiten kann. Sie sind nicht nur bar jeder Rationalität, auf der allein nur ein Austausch von Argumenten möglich ist, und weil sie es sind, sind sie alternativlos. Sie entziehen sich jeder Kritik. Um bei der Beantwortung nicht einen christlichen oder muslimischen oder agnostischen Standpunkt einzunehmen, was immer Partei bedeutet, bliebe also als überparteiliche Instanz nur die Geschichte, im Bild gesprochen: der Gott der Geschichte, der römische Gott Janus, der zwei Gesichter besitzt, die in verschiedene Richtungen schauen. Im Hier und Heute stehend, versinnbildlicht der Gott Anfang, Übergang und Fortgang. Dass die Zeit indes stillsteht, ist nur eine historische Täuschung.

Der Essay fragt hierin den römischen Gott – folgend aus einer Position des Überganges, denn dass wir uns in einem Paradigmenwechsel, in einer Situation des großen Wandels befinden, steht außer Frage – demzufolge aus und in zwei Richtungen, nämliche erstens: Gehört Martin Luther aus historischer Perspektive zu Deutschland? Und zweitens: Wird Martin Luther künftig *noch* zu Deutschland gehören? Die schlichte Fragestellung wirft unerwartet folgenschwere Probleme auf: Dort, wo die Wirklichkeit schwindet und der Diskurs austrocknet – denn im Alternativlosen kann es keinen Diskussion, kein Ringen um den besten Weg geben –, gerät jeder Bericht und selbst jede Reportage zur Fiktion oder wie im Imperium Romanum zur Panegyrik. Es ist daher ratsam, mit dem vermutlich Einfachsten und Grundsätzlichen zu beginnen. Ontologisch: beim Einen.

Im Allgemeinen ist Deutschland ein Staat wie jeder andere Staat, etwas spezifizierter eine Demokratie wie jede andere Demokratie. Im Besonderen aber ist Deutschland – was? Lässt sich Deutschland aus der Perspektive Luthers entdecken? Und umgekehrt: Wird Luther ein anderer, betrachtet man ihn aus der Sicht eines freilich ungewiss gewordenen Deutschlands? Wo ist die Mitte, was das *tertium comparationis*? Im Mit-sich-eins-Sein lässt sich das Verschiedene denken, aus der Zerfallenheit des Identischen sinnvoll nur noch das Eine. Demzufolge setzt der Essay bei der Grundfrage des Menschen und jedweder Gemeinschaft an, denn der außerhalb der Gemeinschaft gedachte Mensch ist ein reines Konstrukt, er ist der Mensch ohne Wirklichkeit, so aberwitzig wie Stirners »Einziger«, »der seine Sach auf nichts gestellt hat«[24]. Der Mensch jedoch benötigt für seine Existenz sowohl für sich selbst als auch in der Gemeinschaft eine Identität, auf die er sich bezieht. Identität ist der Grund der Wirklichkeit. Poppers freies Individuum in einer offenen Gesellschaft ist nicht minder ein feiner Traum, denn der Mensch benötigt Bindung. Handelt der Essay deshalb von der Identität? Ja und nein. Die Suche nach einer Antwort darf sich einerseits nicht auf das Thema der Identität beschränken, es andererseits aber auch nicht ignorieren. Im Zen-Buddhismus heißt es: offene Weite – nichts von heilig. Begrenzung schafft Freiheit. Ein Staat besitzt per definitionem die Hoheit über sein begrenztes Territorium und setzt eine Sprache als verbindlich.

Im Anfang steht also die Behauptung, dass Deutschlands Identität sich zuallererst in der deutschen Sprache, im Wort findet.[25] Der Mensch kann sich seiner selbst nur vergewissern, indem er sich zu einer Wesenheit in Beziehung setzt. Sie stellt den Pflock dar, an den er seine Existenz bindet, seine *axiis mundis*, um nicht zum Blatt im Wind oder zum dummen August in den Possen zu werden, die von den Mächtigen aus diversen Gründen zuweilen veranstaltet werden. Diese Wesenheit, die für den Menschen wesentlich wird, leitet sich begrifflich aus dem mittellateinischen *identitas* her, einem Abstraktum, das aus dem lateinischen *idem* (dasselbe) entstand. Dasjenige eben, was *dasselbe* bleibt, ist das Wesen, die Essenz, die Mitte. Identität bedeutet Mittelpunkt, der Pflock, der Halt und Orientierung bietet in der flüchtigen Welt. Aristoteles gebraucht in der Metaphysik dasselbe (*ta auta*) synonym mit identisch. Identität wird auch Selbigkeit genannt, die für den Philosophen »eine Art von Einheit des Seins ist«[26]. Die Identität bindet den Menschen in die Gemeinschaft ein, die für ihn als gesellschaftliches Wesen existenziell ist. Sie ermöglicht erst die »Einheit des Seins«. Die Identität ist der Boden, auf dem Janus mit beiden Beinen steht. Die zwei Gesichter benötigen das eine Wesen, und das eine Wesen einen Standpunkt, von dem aus es – in verschiedene Richtungen – blicken kann.

Aus der Identität lässt sich keine Ideologie zimmern, denn Ideologie zertrümmert Identität, weil sie eine Gemeinschaft ohne Wesen konstituiert. Der Begriff »falsche Ideologie« stellt eine Tautologie dar, weil Ideologie schlechthin falsches Bewusstsein bedeutet, aber in der Tautologie wird die Logik bekanntlich besonders zwingend. Bereits an dem Wort »Ideologie«, einem Kunstwort aus dem 18. Jahrhundert, das in neoklassischem Wohlgefühl nur allzu großzügig aus den griechischen Worten *idea* und *logos* ein historisch falsches Kompositum[27] bildet, ist nichts echt, hingegen alles talmi, alles nachgeahmt und nachgemacht. Im Gegensatz zur Identität ist die Ideologie das Un-Wesentliche. Das fehlende Wesen ermöglicht die Indienststellung. Wird mithin die Identität zur Ideologie, tritt sie in den Zustand ihrer Negation ein. Der Begriff der Identität wird über zwei Wege negiert, erstens über die Ideologisierung und zweitens über die Metaphorisierung. In Staaten, in denen die Identität selbstverständlich ist, stellt sie kein Diskussionsthema dar, in Staaten, in denen die Identität nicht selbstverständlich, sondern problematisch ist, verliert sich der Begriffsinhalt in den Assoziationen, überdecken die teils sich selbst widersprechenden Konnotationen das Denotat. Aus diesem Grund ist Deutschland sich selbst nicht nur fragwürdig, sondern auch ungewiss, denn es schleicht mit Unbehagen um seine Identität wie die Katze um den heißen Brei. Der Begriff, der nicht rationalisiert, sondern ideologisiert oder ästhetisiert wird, bekommt daher einen Hautgout.

Ungewissheit im Denken und Unbehagen im Fühlen führen dazu, dass scheinbar unverfängliche Ersatzbegriffe wie *Leitkultur* gesucht werden. Doch damit beginnt der gleiche Tanz nach verändertem Rhythmus von vorn. Nichts wird gewonnen, aber Zeit verloren. Die Suche nach immer neuen Synonymen gleicht dem Vorwärtsdrängen im Kreisverkehr. Die Lösung lautet, ihn zu verlassen. Im Reich der Querdenker im Kreisverkehr wäre ein Geradeausdenker wünschenswert. Die Beantwortung der Frage, worein sich denn nun der Integrationswillige integrieren soll, bleibt schwierig und nur in der Phrase lösbar, nicht aber in der Realität. Sie zu lösen würde bedeuten, sich seiner Identität zu vergewissern, sich seiner gewiss zu sein. Luthers Glauben könnte hierbei helfen.

Die so oft von den Deutschen beschworene wie auch verachtete deutsche Identität, die bisweilen zur Floskel entleert, häufig zum Kampfbegriff umgedeutet und gern mit Furor verachtet wird, die für so vieles, manchmal sich Ausschließendes herzuhalten hat, bildete sich im Kreis der deutschen Humanisten als epochaler Akt der Geschichtsvergewisserung in der großen Umbruchszeit des ausgehenden Mittelalters.[28] In diesem Säkulum entsteht Deutschland und dank Martin Luther die deutsche Normsprache, das Deutsche. Deutschland wird nicht zuletzt definiert durch seine Sprache, die einen wichtigen Teil seiner Identität darstellt. Es ist von allerhöchster Bedeutung, dass jenes Nachdenken über die *patria*, mit anderen Worten über die deutsche Identität und die Schaffung der deutschen Normsprache durch Martin Luthers Bibelübersetzung, in zeitlicher und geistiger, in kultureller Nähe stattfand. Nicht die Germanen schlechthin galten den Humanisten, die als erste die *patria* als geistigen Raum entdeckten, als Ahnen, sondern als Vorbilder galten ihnen die Germanen des Tacitus, gleichsam aus römischer Sicht idealisierte Germanen, die Tacitus den dekadenten Römern entgegenhielt. Es ging den Humanisten um Konrad Celtis und Willibald Pirckheimer darum, Deutschland als geistigen und kulturellen Raum zu vermessen und anschließend die gefundene *patria* als Erbe des Imperium Romanum durch die *translatio imperii*, die *translatio studii* und die *translatio artium* als neues Römisches Reich, nun aber deutscher Nation zu begründen. Die Bezeichnung *Heiliges Römisches Reich deutscher Nation* fasst die drei Translationen zusammen. Im Rahmen der Reichsidee übernahm König Maximilian I. die Kaiserwürde durch einen großen, anderthalb Jahrtausende verbindenden Bogen direkt von den römischen Kaisern, von Augustus, und trat der deutsche Humanismus die Nachfolge der griechischen und römischen Kultur an. So wurde die deutsche Identität von ihnen unmittelbar als Rezeption und Nachfolge der vorbildlichen Kultur der Alten, des antiken und universellen Europas verstanden. Sie betrachteten sich von Anfang an als Erben, und ihre Arbeit bestand darin, das große Erbe anzutreten. Alle

Kultur begann für die Humanisten beim Wort. Und das besaß tiefere Ursachen, denn im Wort fanden sie ihre wahre Identität. Um ein wahres, unverfälschtes und nicht korruptes Wort zu bekommen, mussten sie *ad fontes* gehen, zurück zu den Quellen. Das Wort musste von den Verunreinigungen der Überlieferung und den Ideologien befreit werden. Man muss dies wissen, denn Martin Luther war einer von ihnen. Er hatte bei ihnen gelernt und sein Handwerkszeug erworben.[29] Das fiel umso leichter, weil der deutsche Humanismus sich dadurch auszeichnete, dass er ein dezidiert christlicher war. Glauben und Wissen fielen für Martin Luther zusammen und stellten keine Gegensätze dar. Während die Humanisten sich als eine Elite empfanden, die sich an dem historisch verständlichen, doch etwas verqueren Projekt abarbeitete, eine deutsche Dichtung in lateinischer Sprache zu schaffen, schritt Martin Luther beherzt darüber hinaus. Letztlich schied ihn das Bestreben, seinen Landsleuten verständlich zu werden, von seinen früheren Weggefährten. Er besaß den Mut und den Willen, von der Idealität in die Realität zu wechseln. Martin Luther wollte dem Bauern, dem Handwerker, dem Fuhrmann, dem Bettler und dem Fürsten, allen Frauen und Männern deutscher Sprache, gleich welchen Standes, gleich welcher Bildung, verständlich werden. Nicht eine *patria* der Gebildeten, der Gelehrten strebte er an, sondern eine *patria* aller Deutschen.

Er hatte begriffen, dass Gottes Wort, das auch ein Herrschaftswort ist, nicht den Priestern, sondern allen Menschen gehört. Als praktisch denkender Mann erkannte er, dass die Übersetzung der lateinischen Bibel ins Deutsche die erste und ursprüngliche Voraussetzung dafür bildete, den Deutschen Gottes Wort zu bringen. Von daher gewinnt die Bibelübersetzung grundsätzliche Bedeutung, ohne die an eine christliche Erneuerung, an eine christliche Identität nicht zu denken ist. Und erst recht nicht an Deutschland. Die deutsche *patria* setzt mit Martin Luthers Bibelübersetzung ein. Sie empfing ihre Impulse aus dem großartigen Zusammenspiel von Sprache und Glauben, noch dazu dem Glauben eines freien Christenmenschen, mithin also aus Sprache, Glauben und Freiheit. Sucht man nach einer deutschen Identität, kann man sie, wenn man sich Luther anvertraut, hier finden: nämlich in der deutschen Sprache, dem christlichen Glauben und der bürgerlichen Freiheit.

Martin Luthers christliches und patriotisches Engagement vereinigt sich in der Übersetzung des berühmten *Logos*-Präludiums zu Beginn des Evangeliums nach Johannes. Martin Luther findet für das lateinische *principo erat verbum* die deutschen Worte: »Im Anfang war das Wort.« Den Schöpfungsvorgang versteht der Reformator als kommunikativen Akt. Das Wort stiftet Leben, das Wort ist Gottes Art, auf der Erde präsent zu sein und zu handeln. Das Wort verbindet die Menschen untereinander und ermöglicht erst gesellschaftliches Dasein, das für den Menschen als *Zoon Politicon* die einzig mögliche Existenzform darstellt. Diese banale Tatsache wird niemand in Abrede stellen, dennoch wird ihre Voraussetzung entweder heftig bestritten oder verdrängt und scheint auch gründlich vergessen zu werden in der schönen neuen interaktiven Welt, in der sich der Mensch nur noch mit dem medialen Schatten seines Selbst beschäftigt.[30]

Es gäbe keine Kommunikation, wenn nicht Gottes Schöpferwort und grundsätzliches Gespräch mit dem Menschen fortlebte. Deshalb kommt einzig dem Wort Wahrheit zu – alles andere müht sich in Politik, handelt nicht aus dem Wissen, sondern aus dem Wollen, aus dem Zweck heraus. Die Wahrheit weiß jedoch nichts von Zwecken. Sein, Erkennen und Geschichte – *on*, *episteme*, *historia* – entspringen dem Wort. Wenn Gott die Menschen geschaffen hat, dann hat er sie mittels und vermöge der Sprache ins Sein gerufen. Selbst wenn man den agnostischen Standpunkt einnimmt, dass der Mensch sich selbst erschuf, wurde er dennoch durch die Sprache zum Menschen.

Aus welcher Perspektive man es auch betrachten mag, es läuft auf dasselbe hinaus: Im Anfang war immer das Wort, ganz gleich, wo man den Anfang verortet. Ohne Sprache keine Menschheit. Sprechverbote, Schweigebefehle und Sprachreglementierung gefährden die Existenz, weil sie die Axt ans menschliche Sein legen, das Eigentümliche des Menschen, seine Individualität, seine Freiheit auslöschen. Und nach Luther ist die Freiheit die Grundlage menschlichen Daseins.

Sprache zu reglementieren führt dazu, Menschen einzusperren oder ihre wirtschaftliche Existenz zu vernichten, weil sie das »falsche Wort« benutzten. Wirtschaftliche Exekution bietet den Mächtigen zweierlei Vorteil: erstens keine Märtyrer zu schaffen und zweitens die Freiheit zu reduzieren. Selig hingegen und wahrhaft christlich der Politiker, der Mächtige, der die Freiheit jedes Einzelnen ohne Wenn und Aber als Voraussetzung für das Gemeinwesen begreift und sie beschützt. Dieser Gedanke findet sich bereits in einem der wichtigsten und von Luther sehr geschätzten Christus-Wort: »Was ihr getan habt einem von diesen meinen geringsten Brüdern, das habt ihr mir getan« (Mt 25,40). Wer in einer trügerische Welt der Zwecke und des zweckgerichteten Wollens lebt, neigt dazu, Sprache zu reglementieren. Derjenige aber, der auf diesem Irrweg wandelt – und sei es aus den edelsten Motiven heraus –, schafft Zwang und kompromittiert seine Ideale. So wird aus der vielleicht besten Sache mit Sicherheit die schlechteste.

Die Sprache, die eben die Geschichte der Menschen, die sie sprechen, in sich aufgenommen hat, ist größer als ihre Verächter und Zensoren, die in ihr nur ein Mittel der Herrschaft sehen. Sie haben nicht im Mindesten verstanden, welches Gottesgeschenk sie ist. Auf eine nur allzu dürftige Funktion reduzieren sie die Sprache, anstatt ihr reiches Eigenleben zu genießen. Wer diese wunderbare, vielfältige, lebenssatte und kluge Sprache korrekt oder gerecht machen will, wer sie als Prokrustes in sein Bett zwingen möchte, wird Frankensteins Bruder, wird eines geistlosen Inquisitors Schüler. Die Motivation, die Sprache säubern zu wollen, resultiert aus der instinktiven Erkenntnis ihres subversiven Potenzials, ihrer Wirklichkeit. Ihr Auslöser aber ist Angst vor der anarchischen Kraft der Sprache, die jedem Apparatschick Panik einjagt. Übrigens bedeutet Anarchie, ohne Herrschaft zu sein, nicht aber ohne Regeln. Im Gegenteil: Wenn sich die Menschen freiwillig an ihre Regeln hielten, benötigten sie keine Herrschaft. Viele von denen, die sich Anarchisten nennen, sind keine, denn sie lehnen im Grunde nicht die Herrschaft, sondern die Regeln ab. Auch dem Apparatschik bedeuten Regeln wenig, denn ihr Funktionieren stellt seine Herrschaft infrage. Nichts jedoch hasst er mehr als die Wirklichkeit, denn die größtmögliche Subversion geht für den Ideologen von der Wirklichkeit aus, die er schulmeistern und biegen, im Grunde verbieten möchte, aber nicht kann.

Sprache ist Wirklichkeit. Doch für den Ideologen besitzt eben nicht das, was wirklich ist, sondern allein, was er für wünschenswert hält, Existenzrecht. Der Irrglaube – aus einem politischen Allmachtswahn und aus menschlicher Hybris erwachsen –, durch die Reglementierung der Sprache das Leben der Menschen zu verändern, stellt die wirkliche Welt in den Schatten grell beleuchteter Popanze. Sprache aber entwickelt sich vom ersten Wort an aus der Geschichte und nicht aus Ideologien heraus. Sie lebt von den Menschen, und zwar von allen Menschen, die sie sprechen, und durch sie leben wiederum die Menschen. Aus dieser Gewissheit heraus übersetzte Martin Luther: »Im Anfang war das Wort.« Im Anfang des Lebens. Sprache ist Leben. Unterliegt ihr Wortschatz schnellen Veränderungen, entwickelt sich die Grammatik als das Beharrende nur langsam. So lebt sie im beständigen Oszillieren zwischen Konstanz und Modifikation.

Der Glaube, dass die Sprache auch ein Freiheitsrecht der Menschen ist, die sie sprechen, und dass sie durch ihre Herkunft aus Gottes Wort höchste Vollmacht besitzt, lebt in jedem Satz, in jeder Wendung von Luthers *Sendbrief vom Dolmetschen*, atmen die *Vorreden* zur Übersetzung des Alten Testaments, der Psalmen und des neuen Testaments. Die ganze Bedeutung des *Sendbriefs* geht erst auf, wenn man diesen kleinen Traktat mit seiner großen Freiheitsschrift *Von der Freiheit eines Christenmenschen* liest. Die Freiheit des Christen kommt aus dem Glauben und aus der Sprache. Sprache und Glaube sind ein Geschenk, sind eine Gnade Gottes, die einander bedingen, denn der Mensch vernimmt Gottes Wort, während er mit Worten zu seinem Gott betet, mit ihm in seiner Sprache spricht. Bisher wurde übersehen, dass der Reformator die Bibel nicht nur aus dem Hebräischen, dem Griechischen und dem Lateinischen ins Deutsche übertrug. Die Übersetzungsarbeit ging wesentlich tiefer. Er wollte im Text das Wort Gottes finden, das er dann ins Deutsche brachte, und nahm dadurch ein viel größeres Werk in Angriff, nämlich die Übersetzung des göttlichen Wortes in eine menschliche Sprache, aus der *lingua Dei* in die *lingua Germanica*. Ihm ging es um nichts Geringeres als um die Wahrheit, die sich nur in der gesamten Vielfalt der Sprache findet. Und indem er »dem Volk aufs Maul« schaute und ihm nicht das Maul verbot, sondern sich mühte, in der Sprache des Volkes Gottes Wort oder die Wahrheit zu entdecken, erfuhr er sehr viel mehr über diesen Gott. Auf den Plätzen, in den Straßen, in den Armenhäusern, auf den Märkten und in den Wirtshäusern lebte für ihn Gottes Wort – und nicht in den Konzilen der Kirche und den Vorschriften der Ideologen. In einer alltäglich gebrauchten Wendung lebte wesentlich mehr Wahrheit als in den Vorschriften selbsternannter Zuchtmeistern der Sprache, die durch sie das Denken kontrollierten wollten. So sprach er in einer seiner letzten Predigten, wenige Tage vor seinem Tod in Eisleben, über das Wort, das den einfachen Menschen gegeben war und nicht den Klüglingen. Er dachte dabei an Matthäus 11,25: »Ich preise dich, Vater, Herr des Himmels und der Erde, weil du dies den Weisen und Klugen verborgen hast und hast es den Unmündigen offenbart.« Hart ging er mit denjenigen ins Gericht, die ein Amt in der Kirche hatten und die doch nur die anderen schurigeln und Recht behalten wollten, denen es an Demut mangelte, die nach Belieben schalteten und walteten und sogar Gott schulmeistern wollten. Martin Luther hatte erkannt, dass die Wahrheit nicht in die Welt kommt, wenn sie der Kontrolle derjenigen unterliegt, die an ihrer Macht hängen, sondern nur durch die einfachen Menschen, die unabhängigen, die nicht von der Gefallsucht unterjocht sind und nicht in der Amtsabhängigkeit leben. Wahrheit benötigt Unabhängigkeit. Was für ein grundlegendes Ding die Wahrheit ist, erkennt man daran, dass sie allein zur Freiheit führt. Viele von denen, die die Freiheit loben, scheinen damit nur die eigene zu meinen, nicht die des anderen. Aber es bleibt das große Wort, das im Evangelium des Johannes steht: » ... und werdet die Wahrheit erkennen, und die Wahrheit wird euch frei machen« (Joh 8,32).

Das berühmte *principo* bedeutet jedoch nicht nur *Anfang*, sondern auch *Ursprung*. Warum entschied sich Martin Luther, als er an das große Werk der Bibelübersetzung ging, nicht für das Wort *Ursprung*, sondern für den Begriff *Anfang*? Alles entspringt nach Johannes dem Wort Gottes, wie auch alles aus ihm seinen Anfang nimmt. Doch besitzt der Begriff des Anfangs nicht nur eine historische, sondern auch eine ontologische Qualität: Alles, was ins Sein des Menschen gegeben ist, fängt stets und immer wieder mit dem Wort an. Die ontologische Qualität des Anfangs verweist auf die Latenz und Potenz des Wortes, auf eine fortwährende Schöpfung, auf Entwicklung, auf Leben. Das immer wieder einsetzende Wort, das immer wieder im Anfang ist und immer wieder einen Anfang schafft, wird dem Apparatschik zum Alptraum.

Martin Luther will mit seiner Übersetzung ins Gedächtnis rufen, dass alles, was auch immer geschieht und was der

Mensch unternimmt, mit dem Wort beginnt, das Gott war und dann Fleisch wurde und unter den Menschen lebte. Aus dem Einen, wie schon die griechischen Philosophen wussten, ist alles gemacht. Aber das Eine ist das mit sich selbst Identische und wird zur Identität. »Alle Dinge sind durch *dasselbige* gemacht, und ohne *dasselbe* ist nichts gemacht, was gemacht ist« (Joh 1,3). Ohne dasselbe, ohne die Identität zerbröselt alles, wird zu Staub, denn nichts ist gemacht, was nicht aus dem selbigen stammt. Aus dem schöpferischen Wort kommen das Leben und die Wörter, die Sprachen. Deshalb ist es für Martin Luther so wichtig, dass Gottes Wort genau in der richtigen Bedeutung in deutschen Worten wiedergegeben wird. Hierbei benötigt er alle Wörter, die gesamte Ausdrucksmöglichkeit der deutschen Sprache. Tabus existieren für ihn nicht, nichts ist ungerecht, alles ist Ausdruck, Vielfalt dessen, was aus dem Einen, dennoch Unerschöpflichen kommt. Das Unerschöpfliche aber ist das, was nicht ausgeschöpft werden kann, was reicher, vielfältiger ist und was auch nicht geschaffen wurde, kein Geschöpf ist, sondern der Schöpfer, der in diesen beiden Bedeutungen unerschöpflich ist.

Nicht die Sprechweise der Herrschenden, nicht die armseligen Reduktionen der Ideologen, nicht der Totalitarismus der Einfalt, sondern die Vielfalt der Sprache, wie sie von den Menschen gesprochen wird, interessiert Martin Luther. Welch deftigen Hohn und Spott würde der Sprachgewaltige über ein Projekt wie *Die Bibel in gerechter Sprache* oder über den Genderstern ausschütten, über die »Sudler und Hudler«, wie Schopenhauer sie in seinem schönen Essay *Über Schriftstellerei und Stil* nennt. Sich die Freiheit zu nehmen, die Sprache, die doch von Gott kommt, in all ihren Möglichkeiten zu nutzen, hat schon damals die Ideologen herausgefordert. Wer die Sprache einzuschränken gedenkt, versucht Gott zu schulmeistern. Die Apparatschiks der Kurie, die damaligen Parteimänner des Papstes, klagten Martin Luther an, die Menschen zu verwirren und zu verführen, weil er nicht ihrer Benutzungs-vorschrift der Sprache, ihrer *political correctness* folgte. Doch jeder Versuch, Sprache bestimmen zu wollen, Worte zu ver-bieten, Sprachverfolgung durch eine Sprachpolizei durch-zuführen und hierfür Sprachgerichtshöfe einzurichten, bedeu-tet auf der religiösen Ebene Gotteslästerung und auf der gesellschaftlichen Ebene Willkür. Sie ist in ihrem Wesen anti-demokratisch und totalitär. Wer Sprache in das Korsett einer Ideologie zwängen will, erreicht damit nur, dass der gesell-schaftliche Diskurs an Schwindsucht dahinsiecht. Damit wird jedoch nichts besser und alles nur noch schlecht und sogar schlimm. Denn wo die Sprache der Argumente endet, setzt die Sprache der Gewalt ein. Wer das Argumentieren ein-schränkt, evoziert Gewalt. All das ist nicht Luthers Geschäft. Nicht von den Theologen, nicht von den aristotelischen Phi-losophen der römischen Hierarchie, nicht von den *Parteimän-nerInnen*, den Gralshütern einer wie auch immer definierten *political correctness* nimmt er die Sprache, sondern vom Volk, von seinen Deutschen. Den Wortgebrauch lässt er sich von niemandem vorschreiben. Er weiß noch, dass mit dem gram-matischen Geschlecht nicht das biologische Geschlecht ge-meint und gegeben ist. Wie hätte Luther über diese Stupidität gelacht?! Wer den Reichtum der deutschen Sprache verbieten will, ist sein Freund nicht. Im Gegenteil, er übt sich darin, dem Volk aufs Maul zu schauen. Nicht politischen oder reli-giösen Zensoren soll man folgen. »Denn man muss nicht die Buchstaben in der lateinischen Sprache fragen, wie man deutsch reden soll, wie diese Esel tun; sondern man muss die Mutter im Hause, die Kinder auf der Gasse, den Mann auf dem Markt darum fragen und denselbigen auf das Maul se-hen, wie sie reden, und danach übersetzen, so verstehen sie es denn und merken, dass man deutsch mit ihnen redet.«[31] Niemand soll sich unterstehen, ihnen eine Sprache aufzuzwin-gen, und schon gar nicht aus so fragwürdigen Gründen wie der Gerechtigkeit, die ein schwieriger Begriff ist, weil sie nur allzu oft für ihr Gegenteil missbraucht wurde.

Martin Luther ermutigt zur Furchtlosigkeit im Denken, im Reden und im Schreiben. In bewunderungswürdiger Vielfalt steht ihm der Reichtum der deutschen Sprache zur Verfügung.

Passt denn ein Mann so klarer Worte, so großer Sprachfähigkeit noch ins neue Deutschland der Sprachängstlichkeit und der Verdrucktheit des Ausdrucks? Passt ein Mann, der ein Hohngelächter über die blasphemische Stupidität der *political correctness* angestimmt hätte, noch ins sprachregulierte Deutschland? Wäre das denn wünschenswert? Wäre es nicht, wenn man den sprachlich schwierigen Luther nicht ganz aufgeben will, an der Zeit, einen Luther in gerechter Sprache herauszubringen? »So toll kann's gehen«, würde Martin Luther dazu sagen. Aber das freie, ungebundene, von Martin Luther erlernte Wort ist nötig in einem Deutschland, das sich den Werten des Christentums und der Aufklärung verpflichtet weiß. Ein Deutschland indes, das sich des Christentums, der Aufklärung, seiner Geschichte entledigt, benötigt auch einen Luther nicht mehr.

Ist der Abschied vom Christentum nicht längst erfolgt? Und vielleicht auch von der Aufklärung? Begibt man sich nicht längst in einen neuen Obskurantismus? Schafft das Aber zum Glauben nicht erst den Aberglauben? Wozu benötigen wir noch einen wie Luther? Und was soll uns noch Identität, wo wir das Internet haben und uns immer wieder in ein feines Sommermärchen flüchten dürfen, das in uns so erhabene Gefühle weckt? Dagegen steht Luther. Luther ist wie nie zuvor Skandalon und Provokation. Von niemandem lässt er sich in die eigene Sprache hineinregieren, die er sich nicht stehlen lassen will.[32] Dahinter steht sowohl die Achtung vor jedem Menschen, gleich welchen Standes, als auch der Wunsch, verstanden zu werden.

Wohin der Sprachregulierungswahn führt, zeigt ein Blick in die USA, wo man nicht müde wird, die Welt mit so nützlichen

Dingen wie *political correctness* zu beschenken. Der Veitstanz der Zensoren erreicht nach der Sprache die Inhalte. Das neuste Schlagwort – und selten drückt ein Wort genauer aus, um was es geht – lautet: *Trigger warning*. Denn nachdem man mit der *political correctness* beglückt wurde, die Sprache kontrolliert werden soll, handelt es sich nun um die Kontrolle der Gefühle im Rahmen der *emotional correctness*. Um zu vermeiden, dass Geschichten oder Worte frühere Verletzungen beim Rezipienten wachrufen, sollen diese Werke entweder verboten, an den Universitäten nicht mehr gelehrt werden oder zumindest das Buch eine Warnung, eine Trigger Warnung, auf dem Einband führen. Damit würde man die Weltliteratur von Homer über Ovid bis Tolstoi, Boris Pasternak und Chinuha Achebe verbieten, nicht mehr lehren oder mit einer Trigger Warnung versehen: »Achtung, dieses Buch kann bei der Lektüre negative Gefühle hervorrufen.« Warum soll Literatur nur gute Gefühle hervorrufen? Muss Literatur nicht auch erschrecken? Die Debatte in den USA gewinnt an Fahrt und wurde von Magazinen wie *New Yorker* und *Transatlantic* aufgenommen.[33]

Es geht um Zensur, es geht um Herrschaft. Es beginnt mit einer »gerechten Sprache«, mit *political correctness* und endet in der Totalität geistiger und emotionaler Überwachung. Es ist eine bestürzende Wahrheit, dass *political correctness* Verbrechen fördert und ermöglicht. 16 lange Jahre wurden im englischen Rotherham über 1400 Mädchen, die aus der weißen Unterschicht stammten, systematisch von pakistanischen Banden sexuell missbraucht. Die Behörden schritten nicht ein, sie sahen weg, weil sie den Vorwurf des Rassismus fürchten, sie ließen es zu, dass Kinder missbraucht wurden, weil sie politisch korrekt sein wollten.[34]

Sprache ist und kann auch nicht gerecht sein, weil die Gerechtigkeit kein Begriff ist, mit dem sich adäquat oder sinnvoll Sprache beschreiben lässt. Martin Luthers Kommentar auf all diese Bestrebungen würde lauten: Man soll die Sprache lassen, wie sie ist, denn sie gehört allen Menschen. Was aber deutlich wird: dass zwischen Freiheit und Sprache ein Zusammenhang besteht. Die Freiheit des Menschen und die Sprache des Menschen finden ihren Anfang in Gottes Wort. Luther würde es nicht anders verstehen: Wer Sprache kontrollieren, bestimmen, einengen, gerecht machen will, ist ein Freiheitsfeind. Die Freiheit des Menschen beginnt bei der Freiheit seines Sprachgebrauchs. Das verwundert nicht. Erlebt man nicht gerade ein großes Unbehagen an der Freiheit? Soll nicht mit Rücksicht auf politische Zweckmäßigkeiten und wirtschaftliche Erfordernisse die Freiheit beschnitten werden? Ist es denn ein Zufall, dass es in Deutschland keine wirklich liberale Partei gibt, dass das so große und wichtige Feld des Liberalismus in Deutschland unbeackert bleibt? Liegt der Grund dafür vielleicht in der Vorliebe für politische Romantik und im Unbehagen am politischen Rationalismus, dem man gern Kaltherzigkeit und Unmenschlichkeit vorwirft?

Doch der politische Rationalismus, wenn er denn käme, würde an der Tür zur Debattierstube der Deutschen Republik womöglich das Schild lesen: »Bitte nicht stören, wir träumen gerade so schön« und achselzuckend und auch ein wenig traurig weiterziehen. Vielleicht kehrt er ja zu einem späteren Zeitpunkt zurück, der gute, alte, verlässliche politische Rationalismus, und findet die Tür sperrangelweit offen – doch, zugegeben, diese Vorstellung ist pure Romantik.

Kapitel 4

Die Erfindung der Freiheit

Martin Luthers Traktat *Von der Freiheit eines Christenmenschen*, den er im Jahr 1520 unter Hochdruck verfasste, weil er dem Sendschreiben an Papst Leo X., Giovanni de Medici, beigefügt werden sollte, ist das Gründungsmanifest des modernen Europas. In dieser Schrift entdeckte Martin Luther die Freiheit jenseits von Pathos und Hohn als existenzielle Notwendigkeit. Das Sendschreiben und der Traktat entstanden auf dringenden Wunsch des an der Kurie in Rom tätigen sächsischen Adligen Karl von Miltitz, der mit seiner diplomatischen Offensive hoffte, Papst Leo X. und Martin Luther doch noch zu versöhnen. Obwohl Martin Luther nicht daran glaubte, dass der Riss noch zu kitten war, wollte er nicht die Schuld am Schisma tragen. So gelang ihm eine Meisterleistung: Er milderte weder Kritik noch die Konsequenz seiner Theologie, Anthropologie und Gesellschaftslehre. Aber indem er alle Kritik an die Kurie adressierte und so tat, als wisse der gute Papst nichts vom bösen Treiben seiner Kardinäle, ermöglichte er dem Pontifex, sich ohne Gesichtsverlust seine Position zu eigen zu machen und sich als wahrer Brückenbauer zu erweisen. In der Sache selbst nahm er nichts zurück, im Gegenteil. Er stellte dem Machtapparat der römischen Kirche den einzelnen Christen, auf den es allein ankommt, entgegen, dem römischen Imperialismus die »deutsche Libertet«, wie es ein Jahrhundert später heißen sollte. Giovanni di Medici unterschätzte jedoch den kleinen Mönch aus der deutschen Provinz und setzte auf Macht statt darauf, Brücken zu bauen.

Die Konsequenz von Luthers »freiem Christenmenschen« bedeutet die Abkehr von jeder supranationalen Herrschaft und die Hinwendung zu einem dezentralen Föderalismus. Nicht in einem Zentralstaat, sondern in seinen Regionen ist der Mensch frei. Wer die Freiheit der Regionen und Staaten antastet, der opfert sie zugunsten eines Zentralstaatsmolochs, zugunsten der »Hure Babylon«. Diese Wahrheit hatte der Reformator in seinem Kampf gegen Rom verdeutlicht. Und als ob es noch eines Beweises dafür bedurfte, unter welche Bürokratie der einst freie Zusammenschluss europäischer Völker inzwischen geraten ist, hört man seit geraumer Zeit aus Brüssel nur noch Worte, die dem Lexikon des Zwanges, der Nötigung und der Erpressung entnommen wurden, ob es sich um die Griechenlandkrise handelt oder um demokratisch gewählte Regierungen, die nicht gewählten, sondern eingesetzten Bürokraten missfallen. Die Brüsseler Oligarchie erweckt den Eindruck, nicht der Idee der Freiheit verpflichtet zu sein, sondern ihrem Hang zum Reglementieren und Bevormunden. Der ehemalige Ministerpräsident Luxemburgs, der als Finanzminister seines Landes massives Steuerdumping zu Lasten der europäischen Bürger zu verantworten hat, scheint Ambitionen auf den Posten eines Präsidenten von Europa zu haben, einer Präsidentschaft, die in ihrer Machtvollkommenheit mit der eines Präsidenten der USA vergleichbar wäre. Das würde seinen Wunsch nach einer europäischen Armee erklären, die allerdings nicht im Interesse der Freiheit der europäischen Bürger läge, wie noch zu zeigen sein wird.

Die Modernität und Aktualität von Luthers Denken findet sich hingegen in seinem Begriff der Freiheit, die übrigens insofern einen Bezug zur Regionalität besitzt, weil die demokratische Regierung per definitionem eine nahe, vom Bürger, vom *demos* zu kontrollierende und mit ihm in einem kausalen Zusammenhang zu stehende Komponente enthält. Die Gefahr besteht, dass eine verhängnisvolle Entwicklung in Gang kommt: Die Befugnisse werden peu à peu von den legitimierten, weil im Sinn des Repräsentationsprinzips gewählten Parlamenten und Regierungen, auf die nicht legitimierte Brüsseler Bürokratie übertragen, wodurch die legitimierten Regierungen von anderer Seite her, nämlich durch Kompetenzverlust, ausgehöhlt und dadurch sukzessive delegitimiert werden. Vereinfacht ausgedrückt: Die Bürger wählen Abgeordnete, die immer weniger zu entscheiden haben. Dieser Prozess aber würde sich als Transformation von der Demokratie zur Bürokratie oder Oligarchie vollziehen. In der Bürokratie oder in der Oligarchie verschwindet die Freiheit sukzessive. Die europäische Einigung ist eine so wichtige Angelegenheit, dass sie hingegen nur auf der Grundlage der Freiheit stattfinden kann.

Kaum ein Begriff wurde öfter bemüht und schulphilosophisch behandelt als der der Freiheit. Aber trotz aller toten Buchstaben, unter denen die Freiheit verschüttet liegt, gelang es Martin Luther, für alle Zeit gültig das Wesen der Freiheit und ihre lebenserhaltende Funktion für das menschliche Dasein aus dem Geröll der Meinungen auszugraben. Sein Umgang mit dem Wort in der Bibel gleicht der Arbeit des Archäologen. Was auch immer die Freiheit gemäß der vielen Lehrmeinungen ausmachte, so entdeckte der Reformator sie überraschend als Folge der Wahrheit. Indem er Wahrheit und Freiheit zusammendenkt, wird sie wesentlich. Nun erst offenbart es sich, dass sich das Wesen der Freiheit in der Wahrheit findet. Darin besteht Luthers epochale Leistung, dass er die Freiheit nicht an menschliche Gebote und Verhaltensweisen knüpft, nicht an die Wandelbarkeit der Meinungen, an die Willkür der Zweckmäßigkeit, sondern an die Ewigkeit und Unwandelbarkeit der Wahrheit. Vielleicht darf man sogar so weit in der Formulierung gehen, dass die Wahrheit die Identität der Freiheit ist. Aus dieser Perspektive wird E. M. Ciorans Lamento von der Freiheit als Illusion gegenstandslos. Alle späteren rechtlichen Definitionen der Freiheit im bürgerlichen Staat haben übrigens Luthers Vorstellung zur unausgesprochenen Grundlage.

Martin Luther akzeptierte als wirklich einzige Autorität auf der Welt nur die Bibel als Gottes Wort, was oft mit der Wendung *sola scriptura* ausgedrückt wird. Im Buch Genesis aber heißt es unmissverständlich, dass alle Menschen von Adam und Eva abstammen. Haben jedoch alle Menschen die gleichen Stammeltern, existieren zwischen ihnen keine grundsätzlichen biologischen Unterschiede, sind von der Herkunft alle Menschen gleich. Das wusste und vertrat Martin Luther in Wort, Tat und Schrift. Die Menschen unterscheiden sich für ihn nicht durch ihre Herkunft, sondern einzig und allein durch ihre Religion. Hinzu tritt aber mindestens ebenso gewichtig Luthers Rechtfertigungslehre als zweiter Grund der Gleichheit aller Menschen: Hat Christus die Sünden der Welt auf sich genommen und allen Menschen durch sein Beispiel den Weg des Heils geebnet, dann sind in der Tat alle Menschen gleich, weil allen gleichermaßen der Weg des Heils offensteht und er niemandem in der *imitatio christi* (Nachahmung des Lebens Christi) verwehrt ist. Der zwingende Schluss der Rechtfertigungslehre des Reformators lautet: Allen Menschen wurde die Gnade erteilt, allen, unabhängig von Geschlecht, Herkunft und Hautfarbe. Das mag man für verstiegene Theologie halten, doch historisch ist die Wirkung eine ungeheure: In Luthers theologischer Rechtfertigungslehre steckt die Begründung für die Universalität der Bürger- und der Menschenrechte. Denn was kann der Mensch einem anderen Menschen voraus haben, wo sie doch alle gleichermaßen vor Gott, dem Schöpfer, gerechtfertigt sind durch den Glauben? Von diesem Denken aus entwickelte sich über ein langes 17. Jahrhundert und ein schnellfüßiges 18. die Aufklärung. Fast alle bedeutenden Denker der Aufklärung in Deutschland und England entstammen dem Protestantismus. Und die Franzosen haben sich, wenn sie nicht dem protestantischen Milieu entstammten oder ihm zumindest nahestanden, in einer scharfen Wendung gegen die katholische Kirche gestellt. Das Verdienst, in seiner Rechtfertigungslehre, in seiner

Schrift *Von der Freiheit eines Christenmenschen* und durch seine Übersetzung und Setzung der Bibel als einzige Autorität die Freiheit, die Gleichheit und die Brüderlichkeit inauguriert zu haben, gebührt Martin Luther. Plakativ, aber zutreffend formuliert: Verzichtet Deutschland auf Luther, dann sagt Deutschland auch der Freiheit, der Brüderlichkeit und der Gleichheit als Werte Lebewohl, und natürlich vice versa: Verabschiedet sich Deutschland von den Werten der Freiheit, der Brüderlichkeit und der Gleichheit, dann gehört folgerichtig Luther nicht mehr zu Deutschland. Brisant wird die Schlussfolgerung dadurch, dass die Freiheit im Alltag als Freizügigkeit in Erscheinung tritt. Seit dem Anschlag auf das World Trade Center am 11. September 2001 wird die Freizügigkeit spürbar und sukzessive eingeschränkt, und mit ihr werden es die Bürgerrechte: Der Dschihad findet zunehmend auf den Straßen Europas statt, und die Islamisten befinden sich seit dem 11. September in der Offensive. Ihr größter Erfolg besteht darin, dass wir bereits vergessen haben, wie frei wir vor dem 11. September 2001 durch die westliche Welt gereist sind. Das berechtigte Sicherheitsbedürfnis zerstört die Freiheit, die für unsere Gesellschaft essenziell ist.

Was widerfährt aber aus Sicht des Reformators demjenigen, der Gottes Gnade nicht annimmt und das Geschenk zurückweist? Nun, den wird Gottes Strafe treffen, der ist des Teufels Beute. Daran glaubt der Reformator zutiefst, aber eben und vor allem auch daran, dass Gottes Strafe, nicht die der Menschen, auf denjenigen niedergeht. Der Mensch darf Gottes Gericht nicht vollziehen, er darf sich nicht anmaßen, Zwang im Glauben auszuüben und Ketzer oder Irrende zu bestrafen, schon gar nicht ist ihm gestattet, Gewalt oder Druck auszuüben, um Lippenbekenntnisse zu erpressen. Mit dieser Vorstellung steht er unter den Reformatoren ziemlich allein dar.

Kapitel 5

Ohne Meinungsfreiheit keine Freiheit

Weltliches Recht muss selbstverständlich von der Obrigkeit im alltäglichen Leben der Menschen durchgesetzt werden, und Verbrecher sind zu bestrafen, das gehört zu einem funktionierenden Gemeinwesen, darauf beruht unsere gesellschaftliche Ordnung, aber der gesamte Bereich der Freiheit eines Christenmenschen, des Glaubens und des Meinens, auch der Glaubens- und Meinungsfreiheit bleibt Gott vorbehalten. Mit den deftigsten Worten und den sprachgewaltigsten Polemiken zieht Luther gegen Irrlehren und Irrlehrer und Häretiker zu Feld, aber einzig und allein mit der Feder, nicht mit dem Schwert. Kein Mensch darf wegen seines Glaubens und seiner Meinung getötet oder bedrängt werden, denn es ist nicht die Sache der weltlichen Obrigkeit, über die Wahrheit zu richten. Ist die Obrigkeit gut, dann steht sie in weiser Selbstbeschränkung im Dienst der Wahrheit. Lügt sie, hat sie ihre Legitimität verspielt. Setzt sich ein Politikverständnis durch, nach dem zum Zweck des Machterhalts jedes Mittel von der Lüge bis zur Wahlfälschung[35] erlaubt ist, dann befinden wir uns nicht mehr im Reich der Freiheit, sondern in den Kolonien der Unfreiheit. Gründe für die Herrschenden, weshalb man zur Verwirklichung des Guten auch einmal mit dem Teufel paktieren muss, finden sich täglich zuhauf. Diese Argumentation würde darauf hinauslaufen, täglich, also ständig mit dem Teufel im Bund zu sein. Oder wie eine Maxime amerikanischer Außenpolitik über mehr als dubiose Verbündete lautet: Natürlich sind es Hurensöhne, aber es sind unsere Hurensöhne.

Um im Bild zu bleiben: Der Teufel entlässt niemanden aus seinem Pakt. Wer Unrecht tut, auch im Glauben für eine gute

Sache, verübt nichts anderes als Unrecht, und er macht aus der besten Sache der Welt die schlechteste. Das ist kein weltfremder moralischer Rigorismus, sondern schlicht und ergreifend Logik, die Logik historischer Prozesse. Historische Beispiele für den Niedergang von Gesellschaften, weil die Politik oder die Herrschaft als einzigen Zweck nur noch die Macht sah und die Legitimität verlor, ließen sich in nahezu endloser Folge anführen. Die Geschichte ist voller Tyrannen unterschiedlichster Couleur, denn es existiert keine größere Verführung als die der Macht. Der englische Schriftsteller J. R. R. Tolkien hat mit dem *Ring* eine beeindruckende Metapher für die Wirkung der Macht geliefert, deshalb ist eine Beschränkung von Amtszeiten für politische Mandate ein notwendiger Schutz, im Übrigen zuallererst der Amtsträger, um sie vor der verderblichen Wirkung der Machtausübung zu bewahren. Die Kanzlerschaft sollte auf zwei Legislaturperioden beschränkt werden, das würde den politischen Wettbewerb erfrischen.

Die Wahrheit befreit, sie wird den Menschen frei machen, heißt es schon bei Johannes. Luthers Denken beginnt überraschend modern und konsequent beim Menschen und nicht bei Gott, nicht bei den Notwendigkeiten, der Staats- oder Glaubensräson, den Funktionen oder den Zwängen und Hierarchien, sondern beim Ich. Das alles findet sich in der Schrift *Von der Freiheit eines Christenmenschen.* Was aber hat ein fast 500 Jahre alter Text mit dem modernen Europa zu tun? Die Antwort lautet in einem Wort: die Erfindung des Menschen als Bürger. Luther nennt den Bürger noch Christ, denn die Gesellschaft war eine christliche, und wer ihr als Bürger angehörte, ein Christ. Doch was er im Christen sah, ist im Grunde das moderne Individuum, der Bürger, der vor Gott – und das ist für Luther die einzige unverrückbare, unbefragbare und unbezweifelbare Instanz – gleich ist. Doch wenn der Mensch vor Gott Rechtfertigung erfährt, so bedarf es der Annahme der Gnade, bedarf es einer Antwort, indem der Mensch dieser Gnade entsprechend handelt und für die Schöpfung und für sich als Annahme des Geschenks Gottes, als Antwort auch Verantwortung für das Übereignete übernimmt, dafür einsteht. Die Freiheit des Christenmenschen ist an seine Verantwortung als Christ gebunden, an den Anruf des Gewissens, das Organ im Menschen, das diese Verantwortung wahrnimmt.

Freiheit nach Luther findet also ihr Wesen in der Wahrheit, ihr Handeln in der Verantwortung, die an das Gewissen gebunden ist. Halten wir einstweilen fest: Aus der Wahrheit resultieren Freiheit, Gewissen und Verantwortung. Die Vorstellung der Individualität, der Verantwortung, die jeder einzelne Mensch trägt, woraus sich nicht nur Pflichten, sondern auch Rechte ergeben, hat bei Martin Luther auch einen biografischen Hintergrund: Als Sohn eines freien Unternehmers kennt er die Chancen und Gefahren der Selbstständigkeit. Mit jeder seiner Handlungen, aus der Gewinn oder Verlust, Prosperieren oder Bankrott resultieren kann, trägt er die Verantwortung für sich und seine Familie. Martin Luther unterscheidet nicht zwischen Ober- und Unterchristen. Jeder Christ gehört dem königlichen Geschlecht der Priester an, ob Mann oder Frau, ob reich oder arm, ganz gleich, aus welchem Land er kommt. Ja, mehr noch: In Gottes Reich ist jeder Mensch ein König. In dieser Gleichheit liegt der Grund für die Freiheit und die Meinungsfreiheit, die zugleich als Indiz für die Freiheit in ihrer Gesamtheit gelten darf. Wo die Meinungsfreiheit auch nur behindert wird, wurde die Freiheit bereits außer Kraft gesetzt. Die Freiheit des Menschen, auch die Meinungsfreiheit, begreift der Reformator als Folge der Freiheit im Glauben. Der Mensch, der sie einschränkt, greift den Glauben an, der wiederum eine Gnade Gottes ist. Hieraus wird ersichtlich, wie tief das Konzept der Freiheit in der Theologie, in der großen Philosophie, der Anthropologie und der Gesellschaftslehre des Mitteldeutschen verankert ist. Den Glauben begreift er als ein Geschenk, das Gott den Menschen macht, und zwar jedem einzelnen Menschen als Mensch und nicht als Teil einer Organisation wie Partei, Staat o. Ä., eine Gnade, die der Schöpfer seinen Geschöpfen von Geburt an mitgibt. Dieser Glaube befreit den Menschen aus allen Bindungen und Abhängigkeiten, aus der Unmündigkeit, weil der Glaube sich auf die Wahrheit bezieht, die höher ist als alle Vernunft, als alle Vorschrift und als alle Herrschaft. In diesem Zusammenhang sei noch an Luthers letzte Predigt erinnert, in der er betont, dass die Botschaft nicht den Klüglingen und großen Hansen, sondern den einfachen Menschen, den Bürgern, dem Volk gebracht wurde, auf dass keine Herrschaft im Glauben sei und keine Verdrehung oder Verheimlichung der Wahrheit und keine Lüge aus Gründen der Macht.

Wie weit der Gedanke des Reformators reicht, illustriert der Präsident der Europäischen Kommission, der aus fast absolutistischer Machtvollkommenheit postuliert, dass man lügen muss, wenn es ernst wird.[36] Hierin würde ihm Luther mit großem Zorn widersprechen: »Gerade wenn es ernst wird, muss man die Wahrheit sagen! Gerade dann!« Ähnliches ist aus Ähnlichem, sagt Aristoteles, und aus der Lüge erwächst nur die Lüge, wie aus der Wahrheit die Wahrheit hervorgeht. Demjenigen, der mich belügt, weil eine sehr schwierige Situation eingetreten ist, schlägt mein gesamtes Misstrauen entgegen. Glaubt der Präsident, weil er ein hohes Amt in der EU innehat, mehr zu sein als jeder anderer Bürger? Mit welchem Recht überhebt er sich? Meint er, er allein kenne den richtigen Weg, der aus der Gefahr herausführt? Warum, wenn er so viel weiser ist, legt er nicht seine Lösungsvorschläge dem Souverän, dem europäischen Bürger, vor und lässt ihn entscheiden – gerade wenn es ernst wird? Die EU – und das sollte beunruhigen – ist leider voller Geheimnisse, voller geheimer Abkommen und Verhandlungen. Sie behandelt hierin den europäischen Bürger wie eine feindliche Macht, vor der man, was man plant und umsetzt, unter allen Umständen geheim halten muss, vom Anfa-Abkommen bis zu den TTIP-Verhandlungen.

Martin Luther lehrt: Indem Gott dem Menschen die Gnade des Glaubens geschenkt hat, ermöglicht er ihm, die Wahrheit zu erkennen, die ihn aus der Sünde, aber auch aus der Unmündigkeit befreit. Aus dieser Vorstellung nahm Immanuel Kant seinen zu Recht berühmten Satz: »*Sapere aude!* Habe Mut, dich deines *eigenen* Verstandes zu bedienen!, ist also der Wahlspruch der Aufklärung. Faulheit und Feigheit sind die Ursachen, warum ein so großer Teil der Menschen, nachdem sie die Natur längst von fremder Leitung freigesprochen (*naturaliter maiorennes*), dennoch gerne zeitlebens unmündig bleiben; warum es anderen so leicht wird, sich zu deren Vormündern aufzuschwingen.«[37] Aus Faulheit und Feigheit wird der freie Christenmensch unfrei. Den tiefen Schmerz darüber empfindet Immanuel Kant wie Martin Luther, der sich am Ende seines Lebens mit der Frage quält, ob er nicht mit der Freiheit im Glauben zugleich die Freiheit vom Glauben gebracht hat. Dennoch: Aus Gnade empfängt der Christ seine Freiheit durch Gott – wer dürfte sie ihm daher nehmen? Ein Mensch doch wohl nicht, und sei es auch der Mächtigste. Ein aufgebrachter Mob erst recht nicht, wie es die Geschichte von der Rotte Korach (4 Mose 26,9–10) so eindrucksvoll vorführt. Es ist ein stolzes, es ist ein wahres, es ist das größte Wort, das der Reformator ausspricht: »Ein Christenmensch ist ein freier Herr über alle Dinge und niemandem untertan.«[38]

Das schöpft aus einem tiefen Brunnen. Man hat das Gefühl, dass Luthers Menschenbild den gnostischen Text *Das Lied von der Perle*[39] weiterführt. Die Gesellschaftslehre des Reformators durchströmt gerade in seiner Anthropologie ein gnostischer und mystischer Zug, wie sich in ihr glücklich Realismus und Mystik produktiv bedingen. Indem er aber das große Erbe des religiösen und philosophischen Denkens aufnimmt, kommt er zu den tiefen Einsichten, die bis heute nichts an Kraft und

Wahrhaftigkeit eingebüßt haben. Zu kraftvoll und zu wahrhaftig möchte man fast meinen für eine Gesellschaft, die zur Ruhe gekommen ist und nicht mehr gestört werden möchte, die nach dem Motto lebt: »Ich habe nicht nötig zu denken, wenn ich nur bezahlen kann; andere werden das verdrießliche Geschäft schon für mich übernehmen.«[40] Im *Lied von der Perle* bitten die im irdischen Jammertal Gefangenen den Erlöser (*salvator*), für sie zu beten. Er erfüllt ihren Wunsch und spricht dann einen Psalm, in dem er seine eigene Erlösungsgeschichte erzählt: Als Sohn eines Königs wuchs er im prächtigen Palast seines Vaters auf. Eines Tages schickten die Eltern ihn aus, um eine Perle, die in Ägypten von einer schrecklichen Schlange bewacht wurde, zurückzuholen. Kehrte er mit der Perle zurück, würde er das Königreich erben. Sein goldbesticktes Gewand, »das sie in ihrer Liebe gemacht hatten«, und das Gewand von gelber Farbe legte er ab, um unter den Leuten nicht aufzufallen, und begab sich auf abenteuerlichen Wegen nach Ägypten. Trotz seiner einfachen Kleidung wurde der Erlöser von den Menschen enttarnt. Sie gaben ihm Nahrung, die ihn alles vergessen ließ: »Ich wusste nicht (mehr), dass ich ein Königssohn war, ihrem König aber diente ich. Ich vergaß die Perle, nach der mich meine Eltern geschickt hatten, und durch die Schwere ihrer Nahrung verfiel ich in tiefen Schlaf.« In dieser Situation erhielt er einen Brief von seinen Eltern, der ihn daran erinnern sollte, wer er war und warum er sich auf die Reise begeben hatte. Und der Ruf erging an ihn: »Steh auf, werde nüchtern vom Schlaf und höre die Worte des Briefes. Gedenke, dass du ein Königssohn bist. Unter ein knechtisches Joch bist du gekommen. Denke an dein goldbesticktes Kleid; denke an die Perle, deretwegen du nach Ägypten gesandt worden bist, dass dein Name genannt werde im Buch der Tapferen, und du … Erbe in unserem Königreich sein wirst.« Der König selbst brachte in einen Adler verwandelt die Botschaft zu seinem Sohn. Der erwachte aus seiner Betäubung, denn der Brief war »geschrieben … wie das, was in meinem Herzen aufgeschrieben war«. Das Vergessene ist nicht fremd, es ist da und muss nur erinnert werden, jemand von außerhalb muss den Schutt der Zeit oder die Betäubung durchstoßen. Erweckt erinnerte sich der Erlöser wieder daran, dass er ein Königssohn und was sein Vorhaben war. Mit Sprüchen bezauberte er die Schlange, raubte die Perle und kehrte mit ihr in sein Königreich zurück. Dort legte er wieder sein Strahlenkleid und das goldbestickte Gewand an und brachte die Perle zu seinem Vater. Die Geschichte klingt nach einem Märchen, doch ist in ihr in poetischer Weise der grundlegende Mythos der Gnostiker erzählt: Die Seelen oder die Lichtfunken wurden von den Archonten und Demiurgen mit Körpern versehen. Sie bekamen vom Irdischen zu essen und zu trinken und erinnerten sich dadurch nicht mehr daran, dass sie aus der Nähe Gottes stammten, aus dem *pleroma*, aus der Fülle. Sie vergaßen, wie es der Psalm so schön ausdrückt, dass sie eigentlich Königskinder waren und inzwischen in Knechtschaft lebten. Damit sie aus ihrer Betäubung erwachten, bedurfte es des Rufes, der sie zu der Erkenntnis (griechisch *gnosis*) ihrer wahren Identität führte. Diese Erkenntnis ermöglichte ihnen die Rückkehr in ihre Heimat. Was den Menschen aufweckt, ihn an seine Wahrheit erinnert, ihn befreit, ist der Ruf, der an ihn ergeht, modern gesagt und von Martin Luther in die Mitte seiner Lehre vom Menschen gerückt: die Anrufung des Gewissens, Gottes Wort, das den Menschen erreicht. Der Reformator erinnert die Christen daran, dass sie alle gleich, dass sie alle ein königlich Geschlecht von Priestern sind. Oder, in den Worten des fast zweitausend Jahre alten Textes, dass jeder Mensch ein Königssohn und Erbe im Reich des Vaters ist.

In der Verbindung von Wahrheit und Freiheit steht das *Lied von der Perle* dem *Tractatus Tripartius* nahe: »Die Freiheit aber ist die Erkenntnis der Wahrheit, die schon besteht, ehe es zur Unwissenheit kam, und (sie) herrscht bis in Ewigkeit ohne Anfang und ohne Ende; sie ist etwas Gutes, und sie ist Erlösung von den Werken, und sie ist Befreiung von der Natur der Sklaverei, in der (alle) diejenigen gelitten haben, die hervorgebracht worden waren aus einem niedrigen Gedanken der Torheit.«[41] Nicht mit den Ohren, sondern im Gewissen wird der Ruf Gottes vernommen. Martin Luther benennt es in seiner Verteidigungsrede in Worms präzise: Das Gewissen ist im Wort Gottes gefangen. Da das Wort Gottes die Wahrheit ist, so ist das Gewissen in der Wahrheit gefangen und verabscheut eben die Lüge. Wider das Gewissen zu handeln heißt, wider Gott zu handeln und die Geschäfte des Teufels zu betreiben. Dieses Interesse am Ort der Wahrheit im Menschen findet man bereits bei Augustinus, neben dem Apostel Paulus Luthers wichtigster Gewährsmann, der in seinem Buch *De vera religione* schreibt: »Geh nicht nach außen, zu dir selbst kehre zurück; im inneren Menschen wohnt die Wahrheit. Und wenn du deine Natur als veränderlich wahrnimmst, übersteige dich selbst. Sei jedoch dessen eingedenk, dass du, wenn du dich übersteigst, deine der Vernunft mächtige Seele übersteigst. Dorthin also trachte, von wo das Licht deiner Vernunft sich entzündet. Denn wohin gelangt jeder, der seine Vernunft recht gebraucht, wenn nicht zur Wahrheit?«[42] Und Meister Eckhart fügte hinzu: »Die Leute sagen oft zu mir: ›Bittet für mich!‹ Dann denke ich: Warum geht ihr aus? Warum bleibt ihr nicht in euch selbst und greift in euer eigenes Gut? Ihr tragt doch alle Wahrheit wesenhaft in euch.«[43] Die Wahrheit, schlussfolgert Luther, die der Mensch wesenhaft in sich trägt, ist seine Freiheit. Ist das nicht großartig gedacht, kann man Gott und den Menschen besser denken als in diesem Satz, dass der Mensch die Wahrheit, die Gott ist, als Wesen in sich trägt? Der Mensch trägt die Wahrheit in sich, mit sich – ob er sie nutzt, steht auf einem anderen Blatt. Niemand kann den Menschen nötigen, seine Vernunft zu gebrauchen, niemand ihn zur Freiheit zwingen, aber so, wie es niemand befehlen kann, kann es auch keiner verhindern, keine Obrigkeit der Welt, wie Luther später in der Obrigkeitsschrift ausführen wird.

Kapitel 6

Das Recht der Freiheit und die Freiheit des Rechtes

Es scheint, als müsste wieder gelernt werden, was die Freiheit ist und welch großen Nutzen sie bringt, müsste zugleich damit auch erkannt werden, dass die Freiheit Europas Grundwert ist, die man nicht bei jeder sich bietenden Gelegenheit willfährig über Bord werfen will, weil man sie als überflüssiges Reisegepäck empfindet, als Last, nicht als Lust. Freiheitslust stünde uns als Deutsche recht wohl an. Lust am Glauben, dem wir so viel zu verdanken haben, übrigens auch. Vielleicht aber mangelt es den Deutschen an der Begabung für die Freiheit und bedeutet in Wahrheit das oft beschriebene und öfter empfundene Leiden an Deutschland die Verzweiflung über das deutsche Unbehagen an der Freiheit. Überdruss an der Freiheit und Verachtung der Freiheit zeigen sich dort, wo sie nur noch als Phrase und nicht mehr als Lebensform begriffen wird: bei den Einschränkern der Freiheit. In Deutschland scheint es weit populärer zu sein, Freiheit zu reduzieren, als Freiheit zu verteidigen. Mit der Freiheit gewinnt man weder Wahlen in Deutschland noch die Herzen, noch nicht einmal den Verstand. Vielleicht sind die Deutschen in tiefster Seele Träumer, Romantiker und möglicherweise ruinieren sie auch deshalb in deprimierender Regelmäßigkeit jedes vernünftige Staatswesen nach einiger Zeit, wenn sie es denn einmal dazu gebracht haben.

Die bedeutende und leider etwas in Vergessenheit geratene Schriftstellerin Anna Seghers schilderte in der Erzählung »Wiedereinführung der Sklaverei in Guadeloupe«, erschienen 1949 in Berlin, wie die befreiten Sklaven den kalten Sommer der Freiheit hassen und wieder in die warme und sichere Obhut der Sklaverei zurückgenommen werden möchten: »Sie gestanden sich ein, sobald sie allein waren, in der Sklavenzeit sei ihr Leben schöner gewesen.«[44] Quer durch die etablierten Parteien, von allen großen »Hansen«, wie Luther die Regierenden nennt, und ihren Parteigängern verstärken sich die Angriffe auf die Freiheit, besonders auf ihr Innerstes: die Meinungsfreiheit. Freiheit beginnt und endet mit der Meinungsfreiheit. Sie zieht alle anderen Freiheitsrechte mit sich.

Der ntv-Journalist Christoph Herwartz schreibt symptomatisch in einem Artikel auf der Homepage des Senders unter dem Titel »Wie man rechten Hass bekämpft« über die aus seiner Sicht notwendige, wenngleich grundgesetzwidrige Einschränkung der Meinungsfreiheit als höchsten Akt beglückender Selbstzensur: »Die Zunge hüten. Man mag ja der Meinung sein, dass Deutschland einen Grenzzaun braucht oder das Grundrecht auf Asyl durch eine Obergrenze ersetzen sollte. Aber wenn man eine solche Forderung erhebt, sollte man wissen, dass man damit einen Samen in den braunen Boden legt.«[45] Ganz davon abgesehen, dass »Grundrecht auf Asyl« und »Obergrenze« so viel miteinander zu tun haben wie der Kaffeesatz mit dem Satz des Pythagoras und der Journalist einen paradoxen Zusammenhang auf Biegen und Brechen konstruiert, erinnert dieses Statement doch sehr an die Parole: »Psst. Feind hört mit!« bzw. an den Aufsatz des Dichters Bertolt Brecht: »Fünf Schwierigkeiten beim Sagen der Wahrheit«, in dem er dem gleichen Irrtum wie Herwarz aufsitzt, wenn er fordert, eine Wahrheit müsse praktikabel sein.[46] Nicht mehr die Schlüssigkeit und Wahrhaftigkeit eines Arguments zählen, sondern ob es hilfreich ist, wem es nützt. Nicht die Wahrhaftigkeit gilt als Kriterium, sondern die Nützlichkeit. Aber die Wahrheit ist die Wahrheit. In niemandes Besitz befindet sie sich. Wahrheit, wohl eher Ansichten und im Übrigen auch Nachrichten danach auszuwählen, ob sie praktikabel oder »hilfreich« sind, verrät nur die aus totalitären Regimen bekannte Praxis der Indoktrination, verrät die Geringschätzung der Meinungsfreiheit.

Aber der Bürger besitzt ein grundsätzliches und unveräußerliches Recht auf die Wahrheit. Nützlichkeit gilt für Staubsauger, nicht für die Wahrheit. Zwei Teilüberschriften in Herwartz' Artikel lauten: »Keine Fehler machen« und »Keine Brücken bauen«, und zeigen so das Programm, das dahintersteht: Einschüchtern und Ausgrenzen. Der Mensch besitzt ein Recht auf seine Fehlbarkeit. Sie macht uns zu Menschen, weil die Fehlbarkeit immer an der Wahrheit gemessen wird. Wer nicht seine Zunge hüten, wer weiter seine Meinung vertreten will, läuft nach Herwartz Gefahr, rechten Hass zu begünstigen. Keine Brücke führt für ihn zurück ins Lager der Guten, der Anständigen, der Klassenbewussten, der Avantgarde, der Fortschrittlichen, der Weltoffenen. Die Wahrheit allerdings liegt in der Mitte, in der Mitte des Glaubens. Sie bedarf keiner Mauern, keiner Strafkolonien und keines Manichäismus, weil sie dessen Überwindung bedeutet.

Die immer öfter und immer massiver vorgebrachte Forderung, über Aspekte der Wirklichkeit zu schweigen, um nicht den »Falschen« Munition zu liefern, gehört inzwischen zum guten Ton, zeigt aber nur eine illiberale Gesinnung. Sogar der Chef der mächtigen IG-Metall hat nun verlautbart, dass er einem Arbeitgeber, der einen Arbeitnehmer entlässt, weil er »gehetzt« hat, dafür seine Zustimmung erteilt.[47] In einem demokratischen Staat kommt aber einzig und allein einem Gericht die Entscheidung darüber zu, ob sich ein Mensch strafbar gemacht, ob er im Sinne des Gesetzes »gehetzt«, also Volksverhetzung betrieben hat. Alles andere wäre Lynchjustiz. Dem Linguisten, der das aktuelle Lexikon gesprochener Sprache beobachtet, dürfte auffallen, dass Worte wie »Hetzer« und »gehetzt« im Sinne »jemand hat gehetzt« zunehmend den öffentlichen Diskurs bestimmen. Da die IG Metall noch kein Gericht ist, steht ihr nicht das Recht zu, Menschen für die Äußerung ihrer Meinung durch die Zerstörung ihrer wirtschaftlichen Existenz sozial zu vernichten, nicht einmal für die beste Sache der Welt. Im Grundgesetz und in den auf ihm aufbauenden Gesetzen wird sehr klar zwischen Meinungsäußerung und Volksverhetzung unterschieden. Wer diese Grenze überschreitet, wird sich dafür in einem Rechtsstaat vor einem ordentlichen Gericht verantworten müssen. Und es ist und es soll und es muss so bleiben, dass es Sache des Gerichts ist, darüber zu befinden – und nicht die eines Arbeitgebers oder eines IG Metall-Chefs. Scheinbar muss man inzwischen explizit darauf hinweisen: Jeder Arbeitgeber darf darüber urteilen, ob sein Angestellter seine beruflichen Verpflichtungen im Rahmen seines Arbeitsvertrages erfüllt. Über die privaten politischen Ansichten und religiösen Überzeugungen steht weder dem Arbeitgeber noch der IG Metall ein Urteil zu. Selbst wenn man die Ansicht des anderen nicht ertragen kann, darf man seine Macht nicht für Repressalien missbrauchen.[48] Unmissverständlich heißt es hierzu im Grundgesetz: »Niemand darf wegen seines Geschlechtes, seiner Abstammung, seiner Rasse, seiner Sprache, seiner Heimat und Herkunft, seines Glaubens, seiner religiösen oder politischen Anschauungen benachteiligt oder bevorzugt werden. Niemand darf wegen seiner Behinderung benachteiligt werden.«[49] Und weiter kann man lesen, als hätte es Martin Luther formuliert: »Die Freiheit des Glaubens, des Gewissens und die Freiheit des religiösen und weltanschaulichen Bekenntnisses sind unverletzlich.«[50] Die Freiheit der Meinungsäußerung stößt dort an juristisch genau definierte Grenzen, wo sie den Tatbestand der Volksverhetzung erfüllt. Ob sie das jedoch tut, darüber entscheidet in einem Rechtsstaat allein ein Gericht, und auch nur dieses ist berechtigt, Strafen und Sanktionen zu verhängen.

Beschützen wir die Freiheit, weil sie ein hohes Gut ist, weil auf ihr unsere Werte und unsere Gesellschaft beruhen. Sie ist nichts Zusätzliches, kein »Gedöns«, nichts für Sonntagsreden, sondern für den Menschen etwas so Essenzielles wie die Luft zum Atmen. Die Glaubens- und Meinungsfreiheit ist hierbei ein Sensorium, wie es um unsere Freiheit bestellt ist. Selbst wer die Meinungsfreiheit aus Gründen der »Menschlichkeit« einschränken will, zerstört dabei zuallererst die Menschlichkeit. Hier ist Martin Luther sehr eindeutig und stellt für seine Zeit geradezu eine zu rühmende Ausnahme dar: »Das wollen wir so klar machen, dass man's mit Händen greifen solle, auf dass unsere Junker, die Fürsten und Bischöfe sehen, was sie für Narren sind, wenn sie die Menschen mit ihren Gesetzen und Geboten zwingen wollen, so oder so zu glauben.«[51] Präziser kann man das Gebot der Meinungsfreiheit nicht definieren. Martin Luther warnt: »Denn wie streng sie gebieten und wie sehr sie loben, so können sie die Leute nicht weiter nötigen, als dass sie ihnen mit dem Mund und mit der Hand folgen; das Herz können sie ja nicht zwingen, und wenn sie sich zerreißen sollten.«[52] Er geht sogar so weit, dass die von ihm zutiefst verabscheuten Ketzer nicht mit Feuer und Schwert zu bekämpfen seien, sondern dass man sich mit ihnen rein argumentativ auseinanderzusetzen hat. Das bessere Argument wird sich schon durchsetzen, meinte der Reformator im ganz praktischen Gottvertrauen. Da die Wahrheit bei Gott ist, wird sie siegen. Andere Meinungen zu kriminalisieren und mit staatlichen Repressionen zu begegnen, hält Martin Luther nicht nur für Gotteslästerung, sondern er zeigt sich felsenfest davon überzeugt, dass diese Repressalien auf ihre Hervorbringer, die für ihn Gotteslästerer sind, zurückfallen werden, denn »sie treiben damit die schwachen Gewissen mit Gewalt dazu, zu lügen, zu verleugnen und anders zu reden, als sie es im Herzen meinen, und beladen sich selbst so mit gräulichen fremden Sünden. Denn alle die Lügen und falschen Bekenntnisse, die solch schwache Gewissen tun, fallen zurück auf den, der sie erzwinget.« Und der Reformator folgert daraus: »Es wäre jedenfalls viel leichter, wenn ihre Untertanen schon irreten, dass sie sie schlechthin irren ließen, als dass sie sie zur Lüge und anders zu sagen nötigen, als sie es im Herzen haben. Es ist auch nicht recht, dass man Bösem mit Ärgerem wehren will.«[53] Welch kluger Satz und ganz und gar für unsere Zeit geschrieben: »Es ist auch nicht recht, dass man Bösem mit Ärgerem wehren will.« Martin Luther redet den Herrschenden ins Gewissen, dass sie lieber ihre Untertanen ihre falsche Meinung äußern ließen, als ihnen den Mund zu verbieten und sie mit Strafen zu bedrohen. Der Kampf um den rechten Glauben, der Kampf um die Wahrheit, um den rechten Weg, geführt auch mit größter Schärfe, ist erlaubt, aber nur und ausschließlich mit Worten, mit Argumenten, nicht aber mit Strafen, nicht mit sozialem Zwang, nicht mit wirtschaftlicher Erpressung, nicht mit Ausgrenzung. Martin Luther stimmt zwar nicht von den Gründen, aber vom Grundsatz her mit Voltaire überein: »Ich bin zwar nicht ihrer Meinung, aber ich werde alles tun, dass sie ihre Meinung frei äußern können.« Wird die Meinungsfreiheit eingeschränkt – und das sage ich aus eigener Erfahrung –, gleiten wir in eine Diktatur. Und die scheußlichsten Diktaturen beriefen sich stets auf die hehrsten Motive. Gemein war ihnen allen, dass sie die Gründe des Gewissens nicht gelten ließen, mehr noch, dass sie ihren Hauptfeind im Gewissen ausmachten. Denn keine Macht der Welt kann dem Gewissen auf Dauer wehren.

Das Gewissen, dieses wunderbare Sensorium, ist es, das sich nicht befehlen lässt. Es ist so unberechenbar und unbeherrschbar. Niemand weiß, wem es wann wie schlägt. Und es bestimmt den Menschen zu handeln, selbst in auswegloser Situation. Martin Luther mahnt: »Denn Ketzerei kann man nimmer mit Gewalt wehren. Es gehört ein anderer Griff dazu, und es ist hier ein anderer Streit und Handel als mit dem Schwert. Gottes Wort soll hier streiten; wenn's das nicht ausrichtet, so wird's wohl von weltlicher Gewalt unausgerichtet bleiben, wenn sie auch gleich die Welt mit Blut füllte. Ketzerei ist ein geistlich Ding, das kann man mit keinem Eisen zerhauen, mit keinem Feuer verbrennen, mit keinem Wasser ertränken.«[54]

Immer wieder wurde Martin Luther vorgeworfen, zur Grausamkeit gegen die aufständischen Bauern aufgerufen zu haben.

Das hat er auch. Aber das ist eben nur ein Viertel der Wahrheit. Die immer wieder zitierte Schrift *Wider die räuberischen und mörderischen Rotten der Bauern* stellt eine von vier Schriften dar, die Martin Luther zu dieser Problematik und in höchster Not, ja und auch in Panik verfasst hatte, fühlte er sich doch mit verantwortlich für den grausamen Bauernkrieg, für das gegenseitige Abschlachten – und er geht mit der Obrigkeit nicht weniger hart ins Gericht als mit den Bauern. Der Obrigkeit warf er vor, dass es ihr Versagen, ihr Hochmut, ihre Eitelkeit, ihr Eigennutz, ihre Gier, ihr Geiz, ihre Hybris, ihre Arroganz, ihre Habsucht, ihre Gottlosigkeit und Verschlagenheit war, die zum Aufstand der Bauern geführt hatte, die Bauern tadelte er hart dafür, dass sie sich gegen die Obrigkeit erhoben hatten und dabei selbst gnadenlos, habgierig, brutal, grausam und selbstgerecht, angefeuert vom eigenen Furor, vorgingen. Das Wichtigste für Luther war, zunächst die Ordnung wiederherzustellen, Chaos und Anarchie und das Versagen des Staates zu beenden. Nicht Menschlichkeit, sondern Recht stand für ihn an erster Stelle, Recht, damit auch wieder Menschlichkeit aufleben konnte, denn der Krieg, auch der Bauernkrieg, war für alle Beteiligten ein Handeln außerhalb der Menschlichkeit. Wo Menschlichkeit gegen Rationalität ausgespielt wird, wird sie zum Quell von Unmenschlichkeit.

Was immer man aber auch denken und fühlen mag: Ausgangspunkt von allem ist und bleibt die Wirklichkeit. Wirklichkeit ist dem deutschen Gemüt eine Pein, eine Qual, eine Zumutung, etwas Unanständiges. Nicht umsonst ist den Deutschen ein Philosoph wie Artur Schopenhauer nahe, dessen Hauptwerk deutsches Fühlen auf den Punkt bringt: Die Welt als Wille und Vorstellung. Wo die Welt nur Wille und Vorstellung ist, da schafft man mit genügend Willen auch das Unmögliche, sogar die Wirklichkeit ab, zumindest in der Vorstellung.

Man kann mündigen Bürgern nicht allen Ernstes empfehlen, die Augen zu schließen und sich durch ein Mantra in der Art eines Glückskekses in einen realitätsfernen Zustand erhabener Gefühlsseligkeit zu versetzen. Es hilft nicht, wenn dringend notwendige substanzielle Debatten durch wirkliche und gespielte Empörungen, durch gegenseitige Herabsetzungen ersetzt werden. Phrasen sind keine Antwort, und die Moralität der Regierenden zeigt sich nicht in der moralischen Deklaration, sondern im effektiven Regierungshandeln. Die zunehmende Radikalisierung ist ein Phänomen der Diskursunfähigkeit. Es war, ist und wird zu allen Zeiten so sein: Solange die Regierenden keine Antworten auf drängende Fragen haben, wird die Unruhe im Land zunehmen.[55]

Da vergleicht einer den Justizminister mit Joseph Goebbels. Da bezeichnet ein Vizekanzler Bürger seines Landes als »Pack« und etabliert damit die Ebene der Auseinandersetzung, die er anschließend beklagt. Einem konservativen Ministerpräsidenten wird wie den Anti-TTIP-Demonstranten vom *SPIEGEL* eine braune Gesinnung unterstellt. Da wird von »wahnsinnigen Faschisten« gesprochen, als ob »nicht wahnsinnige Faschisten«, also ganz allgemein gewöhnliche Faschisten, besser wären. Der Begriff »Faschist« reicht schon nicht mehr aus. Es geht nicht um Präzision, nicht um die gedankliche Auseinandersetzung, sondern um die größtmögliche Herabsetzung, die insofern einen denunziatorischen Charakter besitzt, weil sie nach dem Staatsanwalt ruft. Erhellend ist die Wortschöpfung »besorgter Wutbürger«. In diesem Neologismus verrät sich die Überheblichkeit von Politik und Medien dem Bürger, dem Souverän gegenüber. Als Stuttgarter Bürger von ihrem legitimen und grundgesetzverbürgten Recht Gebrauch machten, gegen »Stuttgart 21« zu demonstrieren – andere wehren sich gegen den Flughafen Schönefeld etc. –, wurden sie nicht als protestierende Bürger benannt, sondern als Wutbürger herabgesetzt, als Spießer, die im Wohlstand leben und aus dem Wohlleben ihrer Existenz heraus gegen den Fortschritt protestieren, weil ihre Vorgartenidylle gefährdet wird: Leute, die sich aus Überdruss und Langeweile in eine Wutrevolte steigern, Protest als eine Art Pensionärshobby. Diese Bürger aber hatten nichts weiter getan, als ihre Rechte wahrgenommen. Das genügte schon, um sie medial abzukanzeln. Als Bürger ihre Regierung fragten, wie der massenhafte Zustrom zu bewältigen sei, wurden sie sofort »besorgte Bürger« genannt. Wieder evozierte man das Bild eines satten und zufriedenen, ältlichen Bürgers, der sich aus lauter Feigheit ständig Sorgen macht, assoziierte man das Bild von Eltern, die ihre schon erwachsenen Kinder mit ängstlichen Fragen bedrängen, nur weil sie den Fortschritt der Welt nicht mehr verstehen. So undynamisch, geistesschwach, bequem, ängstlich wie der Wutbürger ist auch der besorgte Bürger, mit dem einen Unterschied, dass der Wutbürger eher im rot-grünen Milieu und der besorgte Bürger eher im rot-schwarzen Milieu zu finden ist. Das *argumentum ad hominem*, das eigentlich für Diktaturen symptomatisch ist, wurde zum gängigen Mittel der Auseinandersetzung. Da man sich offensichtlich nicht mit den Argumenten des jeweils anderen auseinandersetzten wollte oder konnte, genügte es, die Würde oder Berechtigung des anderen herabzusetzen oder in Frage zu stellen.

Gewalt wird derweil von rechten und linken Gruppen in zunehmender Weise und wie in einer Spirale verübt. Das Dortmunder Theater hatte für eine Vorstellung ein Plakat verbreitet, auf dem es hieß: »Tötet Roger Klöppel«. Da Roger Klöppel ein auch in deutschen Talkshows gern gesehener Gast ist, um den Part des Konservativen zu übernehmen, und durch seine polarisierende Formulierungsweise, die einem nicht gefallen und mit deren Inhalten man auch nicht übereinstimmen muss, ein griffiges Feindbild bietet, fühlte man sich berechtigt, zum Mord an dem Publizisten aufzurufen. Als kritisch nachgefragt wurde, war es natürlich nicht so gemeint, war es nur eine Kunstaktion. Hätte statt Roger Klöppel Karin Göring-Eckhart auf dem Plakat gestanden, wäre nicht nur die Aufregung und Empörung groß gewesen, sondern hätte der Staatsschutz wahrscheinlich Ermittlungen aufgenommen. Dass man es hier nicht mit einer einmaligen Entgleisung zu tun hat, demonstriert die hochsubventionierte Schaubühne in Berlin. Falk Richters Stück »Fear« rückt auf der Bühne als Pappfiguren Frauen der politischen Rechten in den Mittelpunkt, in denen man Eva Herman, Beatrix von Storch, Birgit Kelle und Bettina Röhl erkennen kann. Und damit auch keine Zweifel bleiben, wohin ihre Reden führen, kommt dazu noch Beate Zschäpe. In Richters Hasspamphlet wird in Zusammenhang mit diesen Frauen von »unter die Erde bringen«, von »wegmachen« und von »Schuss zwischen die Augen« gesprochen.[56] Wenig später brennt der PKW von Beatrix von Storch, und gegen die Firma von Beverfoerdes Ehemann wird ein Anschlag verübt, für den sich die Antifa mit den Worten rühmt: »mit dem anschlag auf die freifrau von beverfoerde soll eine geistige brandstifterin zur rechenschaft gezogen werden. der kaputte wagen zeigt deutlich, dass die hetzer angreifbar sind und für ihr treiben die notwendige quittung bekommen.«[57] Wird der Rechtsstaat hier tätig? Oder ist die Antifa inzwischen schon Teil der Justiz, die Verurteilungen inklusive Bestrafungen als neues rechtsstaatliches Organ vornehmen darf? Zumindest erhielt das »Zentrum für politische Schönheit«, das für das Stück »Tötet Roger Köppel!/Köppel Roger tötet!« verantwortlich zeichnet, Steuergelder, und das Peng Collective, das einen »Clown« entsandte, der Beatrix von Storch während einer Parteiversammlung gewaltsam eine Torte ins Gesicht drückte, wird mit finanziellen Mitteln der Kulturstiftung des Bundes gefördert.

Es bleibt bei Martin Luthers stupend modernem Postulat der Meinungsfreiheit. Dieses für unsere Gesellschaft so essenzielle Grundprinzip der Meinungsfreiheit ist von jedem Bürger dieses Landes zu achten, ganz gleich, wo er sich politisch oder religiös verortet. Man muss Falk Richters Stück nicht mögen, man kann das Plakat des Dortmunder Theaters für bedenklich halten, aber darüber soll das Publikum entscheiden und kein

Zensor. Niemand ist gezwungen, die Schaubühne oder das Dortmunder Theater zu betreten. Auch wenn man die Ebene der Auseinandersetzung ablehnt, auf der sich Pegida-Redner, AfD-, SPD-, Grünen-, Linken- und CDU-Funktionäre bewegen, so ist sie vom Recht der freien Meinungsäußerung gedeckt und demzufolge ist weder die IG Metall noch ein Arbeitgeber, niemand außer einem Gericht berechtigt, bestimmte Äußerungen zu sanktionieren, wenn sie gegen das Gesetz verstoßen. Oder man will das Grundgesetz außer Kraft setzen, das Recht der freien Meinungsäußerung kassieren, wodurch man allerdings entscheidend zur Radikalisierung beitrüge. Im Übrigen bedeutet gerade mit Blick auf die Meinungsäußerung jede Einschränkung die praktische Abschaffung der Meinungsfreiheit, denn diese existiert entweder ganz oder gar nicht.

Als wir kurz vor der Wende Anfang September 1989 Christoph Heins Theaterstück »Die Ritter der Tafelrunde« am neuen Theater in Halle aufführten, forderte Orilus, der Stasichef Mielke nachempfunden war, von König Artus: »Verbiete endlich dieses widerliche Geschmiere.« Worauf Artus antwortete: »Verbote können nichts mehr ändern.« Verbote ändern nichts! Änderung bringen nur ein mehrheitsfähiges politisches Handeln und vor allem Ehrlichkeit, ein Bemühen um Wahrheit um der Wahrheit Willen, nicht unter der Maßgabe der Nützlichkeit oder Zweckmäßigkeit. So steht es auch bei Martin Luther, als ob er unser Zeitgenosse wäre: »Ich fürchte, dem wird nicht zu wehren sein, die Fürsten stellen sich denn fürstlich und fangen wieder an, mit Vernunft und säuberlich zu regieren. Man wird nicht, man kann nicht, man will nicht eure Tyrannei und Mutwillen auf die Dauer leiden.«[58] Das setzt allerdings voraus, dass die sogenannte politische Elite wieder Demut lernt, anstatt Glauben an sie einzufordern, und sich an Luthers Mahnung erinnert: »Was sind denn die Priester und Bischöfe? Antwort: Ihr Regiment ist nicht eine Obrigkeit oder Gewalt, sondern ein Dienst und ein Amt. Denn sie sind nicht höher noch besser

vor anderen Christen.«[59] Es ist nicht zu verstehen, weshalb beispielsweise eine Politikerin, die weder ein Studium abgeschlos-
sen noch einen Beruf ausgeübt, stattdessen ihr Leben im Partei-
apparat zugebracht hat, über mehr Wissen, über mehr
Lebenserfahrung, über mehr Weisheit verfügen sollte als Bürgerinnen und Bürger in diesem Land, die studiert oder einen
Beruf erlernt haben, erfolgreich arbeiten und Kinder erziehen,
brav und bieder Steuern bezahlen, sich über die bröckelnde Infrastruktur und über den Bildungsskandal, über zerfallene
Schulen und Turnhallen ärgern, und es gibt keinen Grund, warum diese Bürgerinnen und Bürger sich über die Welt und das
Leben von ihr belehren lassen sollten. Die Politik hat kein Ver-
mittlungs-, sie hat ein Handlungsproblem und möglicherweise
zunehmend ein Legitimationsdefizit.

Martin Luther denkt vom Menschen aus, der sich zu Gott in
Beziehung setzt, der Gottes Einladung annimmt, Immanuel
Kant vom Staatsbürger, der zwischen sich und dem Staat das
Recht setzt. Dieses Recht wurde gebrochen oder gebeugt, von
Maastricht über Schengen bis Dublin und Prüm.

Die Aufhebung des Rechts als absoluter Größe, seine Relati-
vierung, seine Herabwürdigung zum Spielball temporärer politischer Interessen, führt letztlich in die Diktatur. Erhart Körting beschreibt in seinem Gastbeitrag für den *Tagesspiegel* die
Situation: »Die Bundesrepublik Deutschland, ein gut durch-
organisierter Rechtsstaat, ist innerhalb von Monaten von einer
gut-meinenden, aber hilflos handelnden Bundeskanzlerin Merkel in einen Staat verwandelt worden, in der ein Teil der
rechtsstaatlichen Organisation aus falsch verstandener Humanität außer Kraft gesetzt wurde. (…) Hilflos sieht unsere Ad-
ministration zu: Flüchtlinge, die in den sie transportierenden
Zügen die Notbremse ziehen, um sich der Registrierung zu
entziehen. Flüchtlinge, die christliche Mitflüchtlinge aus den
Erstaufnahmeeinrichtungen mobben, sodass sie Kirchenasyl
suchen. Flüchtlinge, die sich von Frauen nicht das Essen geben

lassen, weil Frauen unrein seien. Flüchtlinge, die in den Not-
unterkünften der Turnhallen nicht nur rauchen, sondern ihre
Zigaretten auf den Holzfußböden ausdrücken. Es geht mir
nicht darum, individuelles Fehlverhalten von Flüchtlingen an-
zuprangern. Es geht mir darum, dass unser Rechtstaat nicht
dagegen vorgeht. Wenn wir den Rechtsstaat mit einem Mantel
der falschen Nächstenliebe, aus falsch verstandener *political
correctness* außer Kraft setzen, verlieren wir ihn. Unsere Politiker und unsere Medien sind voll von Verständnis für schwierige Einzelschicksale von Flüchtlingen. Das kann ich nachvollziehen. Nicht nachvollziehen kann ich das Verschweigen von
Problemen. Wer sie verschweigt wie die Bundeskanzlerin, produziert im Ergebnis Rechtsradikalismus und den Abbau des
Rechtstaates.«[60] Als Erhart Körting diese Zeilen in großer Sorge schrieb, ohne übrigens darauf zu achten, ob er damit irgendeinen Samen in irgendeinen Boden legen könnte, mochte
sich noch niemand vorstellen, dass sich mitten in Deutschland,
mitten in Köln, in der Nähe des Kölner Doms und des Wall-
raf-Richartz-Museums, um den und im Kölner Hauptbahnhof
tausend junge Männer »mit nordafrikanischem Hintergrund«
am Sylvesterabend zusammenfinden, aus deren Mitte heraus
»Straftaten in einer völlig neuen Dimension«, Diebstahl, sexu-
elle Gewalt und Nötigung an Frauen verübt werden.[61] Der von
Körting beschriebene Abbau des Rechtsstaates führte dazu,
dass mitten in Köln eine *No-go-Area* entstand, ein vollkommen rechtsfreier Raum. Mitten in Köln wurde der Staat, unser
Staat, praktisch verhöhnt und vorgeführt, weil er seinen Ho-
heitspflichten nicht mehr nachkam, schlimmer noch, nicht
mehr nachkommen konnte. Köln ist kein Einzelfall, in Hamburg, in Stuttgart ereignete sich Ähnliches.[62] Der Grund dafür
liegt in der Geringschätzung des Rechts durch die Regierenden,
die schließlich den Staat daran hindert, seinen hoheitlichen
Aufgaben nachzukommen. Dies führt zur Einschränkung der
Freiheit.

Weder Martin Luther noch Immanuel Kant lassen sich etwas vom Menschen abhandeln. Sie denken nicht vom Staat, sondern vom Bürger aus, nicht der Mensch ist für den Staat, sondern der Staat für den Bürger da. Diese Sichtweise findet ihren Grund im christlichen Glauben. Die Aufwertung des Menschen nimmt der Reformator aus der Bibel, einmal aus der Gottesebenbildlichkeit des Menschen, stärker aber noch daraus, dass Jesus Christus, der ohne Sünde ist, alle Sünden der Menschen auf sich genommen hat, um den Menschen den Weg zum Heil zu weisen: »Niemand kommt zum Vater denn durch mich.« Und: »Ich bin der Weg und die Wahrheit.« Der Mensch ist durch Jesus Christus gerechtfertigt. Er muss nur daran glauben. Dass er daran glauben kann, ist eine Gnade Gottes. Wie dürfte man also den von Gott gerechtfertigten Menschen unterdrücken? Unter Christen kann es keine Rangunterschiede geben wie eben unter Bürgern auch nicht. Der Ort Gottes im Menschen ist das Gewissen. Martin Luther sagte in Worms, dass sein Gewissen im Wort Gottes gefangen sei. Alle weltlichen Herrscher können irren, auch die Päpste und die Konzilien, alles, was in dieser Welt Rang und Macht hat, auch die Mehrheit kann dem Falschen folgen, ja, auf die Spitze getrieben, kann sogar die Situation eintreten, dass der Einzelne Recht hat gegen die Mehrheit. Seinen Kompass findet der Mensch nur in seinem Gewissen. Martin Luther empfiehlt, nicht gegen das Gewissen zu handeln, Immanuel Kant, nicht die Vernunft zu verraten. Ein Vorschlag wie »seine Zunge zu hüten«, käme keinem der beiden in den Sinn und über die Lippen.

Martin Luthers große Freiheitsschrift beginnt mit dem Grundsatz aller Bürger- und Menschenrechte: »Ein Christenmensch ist ein freier Herr über alle Dinge und niemand untertan.«[63] Er ist es nach Luthers Ansicht, weil der Mensch die Krone der Schöpfung ist: Gott ermächtigt ihn, sich die Erde untertan zu machen. Er ist es, weil er dem königlichen Geschlecht von Priestern angehört. Er benötigt keinen Prunk, um erhöht zu werden, er ist allein dadurch erhöht, dass er im Glauben gerecht ist. »Ebenso hilft es der Seele nichts, ob der Leib heilige Kleider anlegt, wie die Priester und Geistliche tun, auch nicht, ob er in den Kirchen und heiligen Stätten sei, auch nicht, ob er mit heiligen Dingen umgehe, auch nicht, ob er leiblich bete, faste, wallfahre und alle guten Werke tue …«[64] Ergriffen ist er von dem großartigen Satz, den Paulus an die Korinther schreibt: »Und er hat zu mir gesagt: Lass dir an meiner Gnade genügen; denn meine Kraft ist in den Schwachen mächtig. Darum will ich mich am allerliebsten rühmen meiner Schwachheit, damit die Kraft Christi bei mir wohne« (2 Kor 12,9). Seine Kraft ist in den Schwachen mächtig. Für Martin Luther ist die Kraft das Wort Gottes, das sich in der Bibel findet. Daraus resultiert, dass dieses Wort dem Menschen nicht vermittelt werden braucht durch einen anderen Menschen, durch einen Priester, Funktionär oder Politiker. Jeder Mensch kann und soll sich selbst im Wort Gottes finden. Für Luther liegt darin der Grund für die Gleichheit der Menschen, dass alle Menschen durch Gottes Gnade den gleichen Zugang zu Gottes Wort haben. Nicht zufällig kritisiert der Reformator in seiner letzten Predigt die vor seinen Augen entstehende lutherische Orthodoxie, die neuen großen »Hansen« der Religion, und besteht geradezu auf die Vollmacht eines jeden Christen, sich mit Gottes Wort ohne Vermittlung ganz direkt zu beschäftigen, sich in ihm zu finden. Für ihn existiert, um nicht zu irren, ein großes Vorbild: Jesus der Christus, der für die Menschen zum Weg geworden ist, wenn er sagt: »Ich bin der Weg, die Wahrheit und das Leben.« Es ist der Weg der Freiheit.

Am Ende seines Lebens predigt er in Eisleben sein Vermächtnis, spricht vom Evangelium, dem Wort Gottes und dass es nicht geschaffen wäre für die Klüglinge, die es sich doch nur zurechtbiegen und ihren Interessen dienstbar machen würden, sondern für die einfachen Menschen, die es wortwörtlich nähmen. Er legte Christi Worte aus Matthäus 11,25–30 aus: »Zu der Zeit fing Jesus an und sprach: Ich preise dich, Vater, Herr des Himmels und der Erde, weil du dies den Weisen und Klugen verborgen hast und hast es den Unmündigen offenbart. Ja, Vater; denn so hat es dir wohlgefallen. Alles ist mir übergeben von meinem Vater; und niemand kennt den Sohn als nur der Vater; und niemand kennt den Vater als nur der Sohn und wem es der Sohn offenbaren will. Kommt her zu mir, alle, die ihr mühselig und beladen seid; ich will euch erquicken. Nehmt auf euch mein Joch und lernt von mir; denn ich bin sanftmütig und von Herzen demütig; so werdet ihr Ruhe finden für eure Seelen. Denn mein Joch ist sanft, und meine Last ist leicht.« Das war sein Thema, dass Jesus das Wort Gottes nicht den Klugen und Weisen, nicht den Mächtigen und Philosophen, sondern den Unmündigen offenbart hat und dass zum Sohne, durch den jeder zum Vater käme, all jene strömen sollen, die da mühselig und beladen sind, auf dass sie befreit, auf dass sie sanftmütig und von Herzen demütig würden. Hart ging er ins Gericht mit all jenen, die in der christlichen Kirche nicht Gottes Wort dienten, sondern schalteten und walteten, wie sie es für richtig hielten. Nachdem er mit den kirchlichen Würdenträgern abgerechnet hatte, die anstatt Gott nur sich selbst anbeten würden, wie Luther meinte, wandte er sich den weltlichen Herrschern zu. In seine Predigt mischte sich der Zorn über die Überheblichkeit der großen Herren, über die Arroganz der Macht, über ihren Missbrauch, als er ihnen zurief: »Deshalb sagt der Herr Christus, dass er den Naseweisen feind sei, dass er sie in seiner Kirche nicht leiden wolle, seien es Kaiser, Könige, Fürsten und Doktoren, die ihm sein göttliches Wort meistern und ihm mit ihrer eigenen Klugheit in die hohen Dinge des Glaubens und unserer Seligkeit hineinregieren wollen. Sie meinen, weil sie obenan im Regiment sitzen, darum seien sie die Klügsten, sie kennten die Schrift besser als andere Leute. Darum stürzt sie Gott auch tief. Denn er will's und kann's und soll's auch nicht leiden. Er macht's doch so, dass das Evangelium den Hohen und Weisen verborgen bleibt, und regiert seine Kirche ganz anders, als sie es denken und verstehen, wenn sie sich auch dünken lassen, sie wüssten und verständen alles.« Das ist der nach wie vor aktuelle Grund für Luthers Freiheitsvorstellung: Niemand besitzt ein Vorrecht. Da alle Menschen gleich vor Gott sind, haben alle Menschen den gleichen Zugang zu Gottes Wort. Haben sie aber alle den gleichen Zugang, haben sie die gleiche Vollmacht und das Recht, ihre Meinung frei zu äußern, alles, bis auf Gott, kritisch zu hinterfragen.

Der französische Philosoph René Descartes, der mit seinem Rationalismus philosophisch die Entwicklung zur Aufklärung angeschoben hat, greift diese Vorstellung auf, wenn er ein Jahrhundert nach Luther postuliert: »An allem ist zu zweifeln, an allem, bis auf zwei Instanzen: Die eine ist der Mensch, denn wenn er nicht diesen Gedanken denkt, wer ist es dann, der denkt? Somit steht für ihn fest: Ich denke, also bin ich. Und die zweite Instanz ist Gott, denn wer sollte die Vorstellung eines Gottes, der nicht empirisch wahrzunehmen, der nicht aus der Anschauung zu gewinnen ist, in sein Denken gesenkt haben, wenn nicht Gott selbst?«[65] Für Descartes bleiben also zwei Instanzen: Gott und der Mensch. Daran änderte sich nicht mehr viel, auch wenn man an die Stelle Gottes später andere Begriffe setzte wie Natur, Wissenschaft, Weltanschauung oder die unterschiedlichen göttlich-überhöhten Führerfiguren, deren Orakel oft zu heiligen Texten stilisiert wurden und zu deren Exegese dann ganze Schulen entstanden. Der für sich selbst verantwortliche, mit gleichen Rechten und Pflichten versehene und in seiner Gesamtheit als politischer Souverän verstandene Mensch wurde im modernen Staat zum Staatsbürger. Galt in der mittelalterlichen Vorstellung der Mensch als Subjekt, als das Unterlegte, das dem Überlegenen, dem Objekt, nämlich Gott, zu dienen hatte und in allem von Gottes unbegreiflichem Ratschluss abhängig war, letztlich eigentlich das passive Element in einer von der göttlichen Vorsehung angetriebenen Welt, so erhielt das Subjekt in Luthers Freiheitsschrift eine so große Eigenständigkeit, dass es zum aktiven Element wurde.

Die moderne Vorstellung, dass vom Subjekt das Objekt abhängig ist, beginnt mit Luthers Entdeckung des Menschen in der Religion. Diese Vertauschung der Stellung von Subjekt und Objekt nennt Immanuel Kant später treffend die kopernikanische Wende, benannt nach Luthers Zeitgenossen Nikolaus Kopernikus, der die feststehende Erde aus dem Zentrum der Galaxis nahm und in Bewegung setzte. Der Citoyen, der Bürger, der Wähler geht erstmals aus Luthers Schrift hervor. Zur Sternstunde von Worms gehört aber auch das Christuswort, das er an die Personifikation europäischer Macht, an Kaiser Karl V., richtete: »Ihr sollt nicht meinen, dass ich gekommen bin, Frieden zu bringen auf die Erde. Ich bin nicht gekommen, Frieden zu bringen, sondern das Schwert.« Martin Luther sagte das nicht zu Muslimen, nicht zu Juden, nicht zu Atheisten oder Agnostikern, sondern zur Verkörperung der christlichen Obrigkeit. Hier steht der einfache Mensch gegen die politische, militärische, juristische, finanzielle und wirtschaftliche, gegen die administrative, mediale und öffentliche Macht und wirft ihr den Fehdehandschuh hin. Um Christi Willen! Um des Menschen Willen! In Luthers Tat erkennen wir für unsere Zeit: Es bedarf einer Rückkehr der Debatten, einer Repolitisierung der Gesellschaft und vor allem – leider – wieder eines hohen Maßes an Zivilcourage, seine Meinung im Wissen darum zu formulieren, dass man in Schmuddelecken gestellt oder an virtuelle Pranger gestellt, Opfer von Hassmails und Morddrohungen werden kann. Die Freiheit des einzelnen Menschen bleibt jedoch die Grundlage unserer Gesellschaft und die Debatte, die Meinungsfreiheit voraussetzt, ihr Atem. Das Gewissen ist der Ort im Menschen, in dem sich seine wahre Menschlichkeit erweist. Martin Luther begründet das Widerstandsrecht des Christen, das als Widerstandsrecht der Bürger im Grundgesetz der Bundesrepublik Eingang fand: »So hat Gott keinem Herren dermaßen die Obrigkeit gegeben oder ihm die Leute unterworfen, dass er damit wider Gott und sein Wort streben oder fechten solle. Und in solchem Falle ist auch kein Untertan seiner Obrigkeit ein Haar breit schuldig oder untertan. Ja, es ist da alsdann schon keine Obrigkeit mehr, wo solches geschieht.«[66] Diese Vorstellung entwickelt er in einer Situation, in der Südosteuropa unter der Herrschaft des Islams stand und die Türken sich zum Sturm auf Wien vorbereiteten. In seiner *Heerpredigt wider den Türken* geht es dem Reformator um die Verteidigung des eigenen Glaubens und der eigenen Kultur. Es geht ihm nicht darum, in der Türkei zu missionieren oder Truppen an den Bosporus zu senden. Es geht ihm um die Verteidigung seines Deutschlands, der Kultur und des Glaubens seines Landes. Kein Untertan, kein Bürger, argumentiert er, muss einer Regierung folgen, die das eigene Land nicht schützt. Im Gegenteil, eine solche Regierung hat sich seiner Meinung nach selbst des Amtes enthoben. Vornehmste Pflicht einer Regierung ist es, die Freiheit der Bürger und die Kultur des Landes, seine Rechtsstaatlichkeit zu schützen.

Kapitel 7

Freiheit braucht Verantwortung

Luthers Freiheitsbegriff ist auch deshalb modern, weil seine Freiheit nicht nur Rechte, sondern auch Pflichten kennt. Dem Satz, dass der freie Christenmensch ein freier Herr und Herr über alle Dinge ist, stellt Luther den scheinbar paradoxen Satz gegenüber: »Ein Christenmensch ist ein dienstbarer Knecht und aller Dinge und jedermann untertan.«[67] Auf den ersten Blick scheint sich Luther zu widersprechen. Für den Reformator besteht der Mensch jedoch aus einem inneren und einem äußeren Menschen. Während der innere Mensch frei ist, ist der äußere mit seiner Gesellschaft verbunden. In dieser Gesellschaft trägt er nicht nur für sich, sondern auch für seine Familie und seine Mitmenschen Verantwortung. Das meint sein Wort vom dienstbaren Knecht: dass man sich um andere und um das Allgemeinwohl zu kümmern hat. Jedermann untertan zu sein bedeutet auch den Dienst an der Schöpfung, den der Christ leistet. Preußens König, Friedrich der Große, wusste das noch, als er sich als ersten Diener seines Staates bezeichnete. »Es folgt aus allem, dass der Fürst, weit davon entfernt, absoluter Herrscher über die Völker zu sein, die unter seiner Herrschaft stehen, selbst nur deren erster Diener ist.«[68] In derselben Schrift kam er zu der erstaunlichen Erkenntnis: »Es gibt kein Gefühl, das so untrennbar mit unserem Wesen verbunden ist wie das der Freiheit. Vom zivilisierten bis zum barbarischsten Menschen sind wir alle gleichermaßen von ihm durchdrungen; denn da wir ohne Ketten geboren werden, verlangen wir danach, ohne Zwang zu leben.«[69] Es ist Gottes Welt, die es zu erhalten gilt. Dafür trägt der Christ eine unmittelbare Verantwortung vor Gott, vor sich und seinen Kindern. Deshalb ist Luthers

Freiheitsbegriff hochmodern, weil er aus drei Imperativen besteht: Freiheit, Verantwortung und Gewissen. Freiheit ohne Verantwortung ist Verwahrlosung – und die Zustandsbeschreibung der Wohlstandsverwahrlosung wird nicht zufällig in Deutschland so breit diskutiert. Ohne Freiheit kann es keine Verantwortung geben, weil die Übernahme von Verantwortung die freie Entscheidung voraussetzt. Doch der Mensch trägt nicht nur Verantwortung, er ist auch verantwortlich für sein Tun – und zwar seinem Gewissen gegenüber. Deshalb gilt die Gewissensentscheidung als die höchste Entscheidung des Menschen und setzt die Freiheit voraus. Zugleich wird die Freiheit des Menschen durch sein Gewissen eingehegt. Im Gewissen manifestiert sich die Verantwortung für die Welt, für sich selbst, seine Mitmenschen, seine Umwelt und die Natur. Martin Luther drückt das so aus: »Ein Christenmensch lebt nicht in sich selbst, sondern in Christus und in seinem Nächsten, in Christus durch den Glauben, im Nächsten durch die Liebe. Durch den Glauben fähret er über sich in Gott, aus Gott fähret er wieder unter sich durch die Liebe und bleibt doch immer in Gott und göttlicher Liebe, gleich wie Christus Joh 1,51 sagt: ›Ihr werdet den Himmel offen sehen und die Engel Gottes hinauf und herab fahren auf des Menschen Sohn.‹« Dass der Christ durch den Glauben über sich in Gott fährt, ist die Freiheit, dass er durch die Liebe aus Gott fährt, die Verantwortung, und dass er doch immer in Gott und göttlicher Liebe bleibt, das Gewissen. Genau das hat Immanuel Kant im Sinn, wenn er an der berühmten Stelle in der *Kritik der praktischen Vernunft* schreibt: »Zwei Dinge erfüllen das Gemüt mit immer neuer und zunehmender Bewunderung und Ehrfurcht, je öfter und anhaltender sich das Nachdenken damit beschäftigt: der bestirnte Himmel über mir und das moralische Gesetz in mir.«[70]

Kapitel 8
Bildung, die schaffen wir – ab

Im Jahr 1530 hielt Martin Luther eine große Predigt zum Thema *Dass man Kinder zur Schule halten soll*. Leidenschaftlich plä-
dierte er dafür, dass Eltern ihren Kindern eine gründliche
Schuldbildung angedeihen lassen, und zwar aus zwei gewich-
tigen Gründen, die einander ergänzen. Er warf einen weit
vorausschauenden Blick in die Zukunft und erkannte, dass
eine prosperierende, für ihn damals christliche, heute allgemein
bürgerliche, Gesellschaft sehr gut ausgebildete Spezialisten in
der Verwaltung, der Wissenschaft und Forschung, im Gesundheitswesen, in der Wirtschaft, in wirklich allen Bereichen, benötigt. Der Wohlstand einer Gesellschaft hängt vom Bildungs-
stand seiner Bürger ab. Darin findet sich der eigentliche
Reichtum des Landes. Letztlich spiegelt sich die Frage aufgrund
unabweisbarer Zusammenhänge von Diversifikation oder Konzentration des Reichtums im durchschnittlichen Bildungsgrad
wider. Man kann es auch als Sprach- oder Mitsprachefähigkeit
bezeichnen. Der Reformator begriff, dass die Zukunft Deutschlands zuallererst auf dem Bildungsgrad seiner »lieben Deutschen« beruhte, auf der Qualität der Schulen, die allen offen
stehen sollten. Luthers Eintreten für Bildung wurde von weiten
Kreisen der Kirche aus Herrschaftsinteresse nicht geteilt, und
auch die meisten Humanisten standen der volkspädagogischen
Konsequenz seines Engagements verständnislos gegenüber. Viele, die eine hohe Bildung feierten, begriffen sie als eine Angelegenheit der Elite, einer Bildungselite, zu der sie sich zählten,
und deren Eintrittsbillett sich in der Beherrschung der lateinischen und griechischen Sprache fand. Der Reformator – und
hierin unterstütze ihn Philipp Melanchthon sehr engagiert –

forderte, dass alle Christen eine gediegene Schulbildung erhalten sollten.

Mit dem Erwerb von Wissen beginnt Bildung, startet der Prozess, in dem der Mensch zu etwas herangebildet wird. Aus diesem Grund wird Bildung so anfällig für ihre ideologische Indienstnahme, weil sie in enger Beziehung zu einem Gesellschaftskonzept und zu einem Menschenbild steht. Luthers Position ist eindeutig: Im Mittelpunkt steht für ihn der freie Christenmensch, alles andere folgt logisch daraus. Verkürzt gesagt: Stimmt das Verhältnis des Menschen zu Gott, findet sich alles andere mit verblüffender Evidenz. Hierbei wird Jesus zum Vor-Bild: nach, aber vor allem in Christi soll der Mensch gebildet werden. Das darf man nicht mit Frömmelei verwechseln, denn der Reformator predigt auch aus diesem Grund gegen die »Werkerei«, gegen die Werkgerechtigkeit. Ihm liegt an einem praktischen Christentum. Der Mensch wird nicht Christ, indem er christlich handelt, formal die Zehn Gebote erfüllt, eifrig in die Kirche geht, sondern indem er Christ ist, handelt er christlich. Wissenschaftliche Forschung kann und wird auf diesem Weg christliche Tat. In der Erkenntnis der Schöpfung Gottes liegt die Erkenntnis Gottes selbst. Luthers Zeitgenosse, Albrecht Dürer, hatte in dem Versuch, sich zur Wahrheit durchzumalen, in der Arbeit zur Gotteserkenntnis vorzudringen, seine künstlerische Kreativität entfaltet und sich als Mensch gefunden, sich gebildet, indem er Gottes Welt nachbildete, das heißt, indem er sie schöpferisch erfuhr. Die Freiheit eines Christenmenschen beruht auf seiner Individualität. Aus der Potenz der Individualitäten entsteht die Vielfalt der Welt. So wie es Albrecht Dürer in der Kunst, Nikolaus Kopernikus in der Astronomie erfuhren, gehört es notwendig zur Freiheit eines Christenmenschen, dass er seinen eigenen, nur ihm möglichen Weg in der Nachfolge Christi findet, in seiner Zeit, nach seinen Möglichkeiten. Deshalb tritt Martin Luther dafür ein, dass die Christen lernen, Wissen erwerben und sich bilden. Die besten

Denker Europas haben von jeher die Bedeutung der Bildung herausgestellt. So meinte Hugo von Saint Victor: »Lerne alles; später wirst du einsehen, dass nichts überflüssig ist. Beschränktes Wissen bringt keine Freude.«[71]

Indem man Bildung erwirbt, bildet man sich, was im Deutschen noch zwei weitere Bedeutungen besitzt: Man macht sich zum Bild, und wie man ein Bild erschafft, erzeugt man seine eigene Persönlichkeit. Das Universalgenie der Deutschen, Albrecht Dürer, schrieb fast als praktisches Seitenstück zu Martin Luthers *Freiheit eines Christenmenschen*: »Ich möchte hier ein kleines Feuer anzünden. Doch wenn ihr alle Wissen dazugebt, so mag mit der Zeit ein Feuer daraus geschürt werden, das durch die ganze Welt leuchtet.« Und er setzte fort: »Etwas können, ist gut. Denn dadurch entsprechen wir umso mehr dem Bild Gottes, der alles kann. (...) Es tut Not, dass wir alle lernen und das treu unseren Nachkommen mitteilen.«[72] Doch Luthers Vorstellung reichte weit darüber hinaus. Er blieb nicht beim Wissenserwerb stehen. Für ihn wurde Bildung im gleichen Maß zum entscheidenden Wirtschafts- und, so würde man heute sagen, Demokratiefaktor, denn sie ermöglicht Kindern aller Schichten den gesellschaftlichen Aufstieg. Aus eigener Erfahrung kannte der Reformator das enorme Demokratiepotenzial der Bildung, das in der Fähigkeit zur sozialen Mobilität besteht. Eine hervorragende Bildung ermöglicht zum einen die persönliche Karriere und wirkt zum anderen schließlich am Prosperieren der Gesellschaft mit, weil sie allen Talenten Entfaltungsmöglichkeiten bietet – natürlich nur in dynamischen Gesellschaften, die von der Lust an der Entwicklung, am Schaffen, an der Produktivität vorangetrieben werden, denen es gar nicht in den Sinn käme, auf einem lebenslangen Recht auf Kindheit zu bestehen, eben nur in einem erwachsenen und nicht in einem infantilen Gemeinwesen. Denn in einer Gesellschaft, die in der Hektik der Konsumtion nicht mehr die Lust an der Produktion empfindet, in der das Sein vom Schein verdrängt wird, gerät die Beschäftigung mit dem Selbst zugleich zur Flucht vor dem Selbst. Bildung ermöglicht den gesellschaftlichen Ausgleich, ein frei atmendes Gemeinwesen. Es ist leicht einzusehen, dass eben das kulturelle Niveau der Bürger in ihrer Gesamtheit die Kultur des Landes hervorbringt. Wenn selbst im staatlichen Kinderfernsehen, in den Kindernachrichten *Logo* unter der Rubrik »Die Großen der Welt« nicht Forscher, nicht Ärzte, die in Krisengebieten arbeiten, oder Menschen, die sich in Deutschland für arme Kinder einsetzen, nicht Wissenschaftler, kurz, nicht Menschen, die in außergewöhnlicher Weise für das Gemeinwohl tätig sind, als Vorbilder vorgestellt werden, sondern Models, Schlagersternchen, Fernseh- und Filmschauspieler, jede Menge Fußballer und sogenannte Promis, wodurch *Logo* zur Werbesendung im angeblich werbefreien Kinderfernsehen wird, dann macht sich die Sendung zum Teil der Werbeindustrie und vermittelt ein Weltbild, in dem Reichtum, Luxusstreben, Oberflächlichkeit und Shopping zu den Idealen der Gesellschaft, zu dem, was angesagt ist, verklärt werden. Man könnte beispielsweise auch das Kinderbuch der Woche vorstellen, wodurch man sicher einen Beitrag zur Leseförderung leisten würde. Das allerdings ist im öffentlich-rechtlichen Kinderfernsehen nicht erwünscht, denn Kinder, die lesen, sehen zumindest in dieser Zeit nicht fern. Längst vergessen die Zeiten, in denen die ARD ein Buchmagazin für Kinder produzierte. Heute strebt das öffentlich-rechtliche Kinderfernsehen eher danach, eine Art Mix aus RTL und Vox mit öffentlich-rechtlichem Anstrich für Kinder zu werden. Bringt *Logo* einen Bericht zu einem Kinderfilm, dann in eigener Sache, weil der Film vom ZDF mitproduziert worden ist. Auf diese Weise bildet man nur auf sich fixierte und sich in einer oberflächlichen Fun- und Konsumjagd erschöpfende, willfährige Untertanen, die leicht zu manipulieren sind, aber keine selbstständig denkenden Bürger, die sich kritisch in den demokratischen Prozess einbringen. Kritische Bürger sind das, was die Parteien scheinbar am wenigsten gebrauchen können. Eine verstockte, dekadente, atomisierte Gesellschaft aus freilich bunten Lemmingen segelt sacht und hübsch wie weiland Sebastian Brants Narrenschiff nach Narragonien, genauer noch nach Infantilien und Agonieen. Zeit, aufzuwachen und die infantile Senilität abzuwehren. Zeit, sich mit Luther Mut zu machen!

Freiheit, Bildung und Demokratie bedingen einander. Der freie Christenmensch ist nur wirklich frei, wenn er über Bildung verfügt. Am Ausgang des Spätmittelalters fordert Martin Luther einen regelrechten Kulturbruch, einen tiefgreifenden Mentalitätswechsel, wenn er verkündet, dass die Kinder nicht das Eigentum ihrer Eltern seien. Allen Kindern soll die beste Bildung offenstehen, denn: »Es wird doch dabei bleiben, dass dein und mein Sohn, das heißt: einfacher Leute Kinder, werden die Welt regieren müssen, sowohl in geistlichem und in weltlichem Stande …« Und: »So muss wohl beiderlei Regiment auf Erden bei den armen, mittelmäßigen und einfachen Leuten und bei ihren Kindern bleiben.«[73] Die Gewissheit, dass nicht Fürsten, sondern »einfacher Leute Kinder« die Welt beherrschen werden, ist nicht nur schlicht und ergreifend in dieser Zeit revolutionär, sondern sie fordert nüchtern im Umkehrschluss, dass »einfacher Leute Kinder« für diese große Aufgabe dann auch zu befähigen sind, damals wie heute. Der praktisch denkende Luther übersieht dabei natürlich nicht die eminent wirtschaftliche Seite. Auch er hat als Kind in Haushalt und Wirtschaft der Eltern mitgeholfen. Bildung kostet also in doppelter Weise, erstens, weil Schulgeld zu entrichten ist und zweitens, weil das Kind als Arbeitskraft ausfällt.

Oft wird übersehen, dass auch heute Schulgeld bezahlt wird, und zwar von jedem, nämlich über Steuern. Die öffentlichen Schulen sind nicht kostenlos, wie ein weitverbreiteter und mithin folgenreicher Irrtum glauben macht. Sie werden vom Steuerzahler bezahlt. Wer sein Kind auf eine Privatschule schickt, zahlt eben doppelt. Diese falsche Vorstellung jedoch, dass Eltern für die öffentlichen Schulen nichts zu entrichten hätten, verwandelt sie in Bittsteller. Würden Eltern in vollkommenem Maße begreifen, dass sie diese öffentlichen Schulen finanzieren, würden sie höhere Forderungen an sie stellen. Sie würden der Arroganz der Kultus- und Bildungsminister dieses Landes, die seit Jahren Raubbau an den öffentlichen Schulen betreiben, mit Macht entgegentreten. Damit ist natürlich nicht gemeint, dass Eltern sich ihrer erzieherischen Pflichten entledigen, indem sie diese einfach auf die Schule und die Lehrer übertragen. Fordernder müssen sie weniger gegen Lehrer, sondern gegen ideologiegeleitete Bildungspolitiker auftreten, die aus Träumereien oder geistiger Trägheit oder vielleicht aus Karrierismus Bildung reduzieren. Es ist ein beschämender Fakt, dass im »reichen« Deutschland Bildung faktisch abgebaut wird. Als Reformen verkleidete Sparprogramme, ideologische Willkürmaßnahmen, horrender Unterrichtsausfall, fahrlässige Einsparung von Personal und Investitionen und Ideologisierung von Wissen senken seit Jahren mit großem Erfolg das Bildungsniveau.

Es wird hohe Zeit, die (un-)verantwortlichen Bildungspolitiker in diesem Land für ihre schlechte und unterfinanzierte Bildungspolitik zur Rede zu stellen. Sie versagen bei Deutschlands Zukunftssicherung. Sicher existieren Unterschiede und legt man in Bayern einen höheren Wert auf das Bildungsniveau als in Brandenburg, wo Bildung mit Gleichheit verwechselt wird, getreu des Dogmas der rot-roten Regierung: Bekommen wir es nicht für alle gut, dann wollen wir es wenigstens für alle schlecht haben, anstatt alle Anstrengungen zu unternehmen, es für alle gut zu machen.

Dennoch wird ein Mentalitätswandel wie in Luthers Ära, ein regelrechter Kulturbruch immer notwendiger, der dort beginnt, dass Bildungspolitik im Auftrag der Eltern und nicht als Geschenk an die Eltern, gar noch im Modus der Notversorgung, stattfindet. Bildung muss die vornehmste Aufgabe des Staates werden. Wenn nicht, dient er nicht den Interessen der Bürger, denn Bildung in hoher Qualität stellt die unabweisbare Voraussetzung für ein prosperierendes Gemeinwesen dar. Für ein Gemeinwesen, nicht für eine Raubtiergesellschaft, in der nur das Prinzip der größtmöglichen Bereicherung gilt, wie man es in Deutschland erleben kann. Daran trägt die praktische Politik abseits der Sonntagsreden eine erhebliche Mitschuld. Allerdings – und hier offenbart sich die Kehrseite der Medaille – müssen Eltern begreifen, dass Bildung und Erziehung nicht allein Angelegenheit der Schule ist, sondern sie in der Pflicht stehen, ihren Beitrag zu leisten. Oft wird eingewandt, dass Akademikerhaushalte hierbei im Vorteil sind, wird darauf hingewiesen, dass soziale Stellung und Einkommen der Eltern eine, einige glauben sogar die entscheidende Rolle spielen. Auf der einen Seite benötigen wir hervorragende öffentliche Schulen – sie müssten die besten des Landes sein. Andererseits können Eltern, auch wenn sie nicht über eine hohe Bildung und ein großes Einkommen verfügen, ihren Kindern sehr viel mitgeben. Herzensbildung zum Beispiel, Neugier, Interesse. Es stellt ein großes Problem dar, wenn Eltern es sich nicht leisten können, ihre Kinder zur Klassenfahrt mitzuschicken, aber Teil dieses Problems ist es auch, wenn sie zu desinteressiert sind, um den Sozialfonds der Schule in Anspruch zu nehmen, der dafür eingerichtet ist. Sicherlich spielt Scham bei manchen eine Rolle, bei anderen aber auch Faulheit.

Kinder in Deutschland verwahrlosen, und nicht nur in ärmeren Haushalten, auch in reichen. Man nennt dieses Phänomen Wohlstandsverwahrlosung. Sucht man die Wurzel für die emotionale, soziale und axiologische Verwahrlosung, dann findet man sie im Wertevakuum unserer Gesellschaft, im Rausch des Konsums, im Verlust der Identität, in der Atomisierung, im hemmungslosen Egoismus, in der Unfähigkeit, über das Ich hinauszudenken. Der Gesellschaft fehlt ein akzeptierter

Wertekanon. Könnte die Nation sich in der gleichen Begeisterung in christlichen Grundwerten vereinen, wie es ihr im Fußball gelingt, so wäre schon viel gewonnen, für jeden Einzelnen wie für unser Land als Ganzes. Der Fußball zeigt anderseits sehr beeindruckend, wie hoch das Bedürfnis nach einem integrativen Gemeinschaftserlebnis hierzulande ist. Patriotismus, zum Wohl des Vaterlandes nach Kräften beizutragen, zeigt sich in reiner Form im Engagement für die Bildung, denn sie entscheidet über die Zukunft. Martin Luther hatte genau diesen Zusammenhang erkannt, der in Deutschland nur Freunde in wohlfeilen Sonntagsreden, nicht aber in der praktischen Politik hat. In der Bildung erleben wir bereits seit Jahren ein eklatantes Politikversagen.

Martin Luther ließ es nicht beim Schreiben und Predigen bewenden, sondern kämpfte darum, seine bildungspolitische Vorstellung praktisch umzusetzen. Damit alle Kinder zur Schule gehen können und die gleichen Chancen bekommen, forderte er: »Ist der Vater arm, so helfe man mit Kirchengütern dazu. Hierzu sollten die Reichen ihre Testamente geben, wie denn die getan haben, die etliche Stipendien gestiftet haben; das hieße, dein Geld der Kirche recht übergeben. Hier lösest du nicht der Verstorbenen Seelen aus dem Fegefeuer, sondern hilfst durch Erhalten der göttlichen Ämter beiden, den Lebendigen und den Zukünftigen, die noch nicht geboren sind, dass sie nicht ins Fegefeuer hineinkommen, ja, dass sie aus der Hölle erlöst werden und gen Himmel fahren, und den Lebendigen, dass sie Frieden und Ruhe haben.«[74] Martin Luthers Forderung, die er an seine »lieben Deutschen« richtete, ist vollkommen eindeutig: Die Bildung soll allen Kindern offenstehen, und dort, wo es den Eltern an Geld hierfür mangelt, springt die Öffentlichkeit ein. Wir wollen uns hier nicht in Luthers Kirchenordnung vertiefen, der mit dem Kirchenkasten die erste Sozialkasse Deutschlands schuf, allein, der Reformator fordert nicht nur, er zeigt auch, wie es geht, wie man es schaffen kann. Er hat einen Plan. Dabei nimmt er die Obrigkeit in die Pflicht: »Ich meine aber, dass auch die Obrigkeit hier schuldig sei, die Untertanen zu zwingen, ihre Kinder zur Schule zu halten ...«[75] In der Ratsherrenschrift formulierte Martin Luther bereits 1524 mit Blick auf eine umfassende Reformation ein so modernes wie beeindruckendes Bildungsprogramm: »Nun muss ja das junge Volk ausschlagen und springen oder jedenfalls etwas zu schaffen haben, woran es Lust hat. Darin ist ihm nicht zu wehren; es wäre auch nicht gut, wenn man's alles wehren würde. Warum sollte man ihm dann nicht solche Schulen einrichten und solches Wissen vorlegen? Ist's doch alles jetzt durch Gottes Gnade so eingerichtet, dass die Kinder mit Lust und spielend lernen können, gleichviel ob es sich um Sprachen oder andere Wissenschaften oder Historien handelt. Es ist jetzt nicht mehr die Hölle und das Fegefeuer unserer Schulen, in denen wir gemartert worden sind über Kasus und Tempora, wobei wir doch nichts als lauter nichts gelernt haben vor so viel Schlägen, Zittern, Angst und Jammer. (...) Ich rede für mich: Wenn ich Kinder hätte und besäße die Möglichkeit dazu, so müssten sie mir nicht allein die Sprachen und Historien hören, sondern auch singen und die Musik samt der ganzen Mathematik lernen. Denn was ist das alles als lauter Kinderspiel. Darin erzogen die Griechen vorzeiten ihre Kinder; dadurch sind aus diesen doch wundergeschickte Leute geworden, die nachher zu allem Möglichen tauglich waren.«[76] Man beachte, welche große Rolle Luther der Pädagogik, der Lust und der Motivation zumisst. Öffentliche Schulen, Stipendien, ein exzellentes Universitätssystem, das sich herausbildete, die eminent bildungs- und kulturfördernde Rolle, die das evangelische Pfarrhaus und die evangelischen Stiftungen gespielt haben, führten zur Aufklärung, zur Entwicklung des bürgerlichen Staates, der Wissenschaft und der Technik. Wirft man hingegen einen Blick auf die Bildungspolitik der evangelischen Pfarrerstochter an der Spitze des Staates, gehört Luther längst nicht mehr zu Deutschland. In ihrer Bildungsrepublik, die sie einst ausrief, wurde aus Johann Wolfgang von Goethe »Fuck you, Goethe«, und es wird nicht mehr lange dauern, da wird die Frage: »Who to hell is Schiller?« gestellt und Schüler werden kopfschüttelnd ihren Lehrer begegnen, wenn er ihnen etwas von Einstein erzählen will: »Einstein? Also nein, was Sie sich immer für Namen ausdenken!«

Bildung findet immer weniger statt, wie es die Statistik ausgefallener Unterrichtsstunden belegt.

Der Grund dafür, weshalb in Deutschland Bildung theoretisch gelobt und praktisch verachtet wird, liegt allerdings tiefer, und den gilt es in den Blick zu nehmen, wenn man die Abkehr von Luthers Bildungsprogramm, den pädagogischen Anstrengungen der Aufklärer, besonders der Philanthropen und der deutschen Universität, die Deutschland in früheren Zeiten eine Führungsrolle in Wissenschaft und Technik in der Welt bescherte, begreifen möchte. Die Abkehr beginnt schlicht und ergreifend mit einer Lebenslüge.

Deutschlands größte Lebenslüge lautet, auch wenn sie gern und oft propagiert wird, um die Deutschen zu beruhigen, dass Deutschland ein reiches Land ist, eine Lebenslüge, über die man in Zeiten der Flüchtlingskrise laut *SPIEGEL* nicht mehr reden darf, weil Analyse und Bericht über Armut den Rechten nützen könnte. Um nicht »Unruhe in jene Teile der Bevölkerung, die wegen der Flüchtlingskrise ohnehin schon verunsichert sind« zu tragen, wird die Wahrheit zensiert.[77] Sicher gibt es reiche Menschen in Deutschland. Aber trifft das für die gesamte Bevölkerung zu? Ausländische Beobachter sprechen von einer »inneren Abwertung Deutschlands«[78], davon, dass die Mehrheit der Bevölkerung weder von Deutschlands Aufschwung noch von Deutschlands Reichtum profitiert. Die Lüge, dass Deutschland ein reiches Land ist, hilft vor allem der Ablassindustrie, den vielen Tetzels, die jetzt landauf, landab ziehen und dreist Ablass fordern, denn wer hat, kann geben, und wer nichts hat, der muss doppelt geben, um nicht verbannt und angeprangert zu werden, der soll erst recht geben. Und wer nicht geben will, der gibt trotzdem, und zwar in Gestalt von Steuern, die im Gegensatz zu Griechenland in Deutschland geradezu standrechtlich eingezogen werden.

Die Regierung zieht es vor, mit Steuergeldern Banken zu retten, Spekulanten märchenhafte Gewinne zu sichern, Griechenland zu alimentieren, bald schon Erdogans spezielle Vorstellungen von Demokratie und den Krieg gegen die Kurden zu finanzieren, anstatt ins deutsche Gesundheitswesen, in die Alterssicherung, in die Infrastruktur, in die innere Sicherheit und vor allem in die Bildung, also in unsere Zukunft, zu investieren. Eine indirekte Parteienfinanzierung geschieht, wenn Wohlfahrts- und Sozialverbände, die eng mit Parteien verbunden sind, im Rahmen einer Sozialindustrie Steuergelder zugewiesen werden. Für die Sozialindustrie macht sich die Flüchtlingskrise im wahrsten Sinne des Wortes bezahlt. So profitierten die verschiedensten Vereine und Bildungsträger bspw. davon, dass die Bundesagentur für Arbeit im November 2015 »unbürokratisch«, meint ohne Kontrolle, 400 Millionen Euro für Sprachkurse für Flüchtlinge zahlte. Es wurde weder überprüft, ob die Bildungsträger und Lehrkräfte die nötige Qualifikation dafür besaßen noch, ob die Flüchtlinge den Kurs auch beendeten. Prüfungen wurden nicht abverlangt, Zertifikate nicht verteilt. Wieder einmal ein teurer Schnellschuss, weil die Bundesregierung Handlungsfähigkeit demonstrieren wollte.[79] Dagegen finden seit Jahren Bildungsinvestitionen eher auf dem Papier statt. Bildung scheint immer an letzter Stelle zu stehen, für die dann keine Zeit und kein Geld mehr da ist, weil es immer etwas Wichtigeres gibt.

Die Wahrheit lautet: Deutschland ist nicht reich, es lebt seit Jahren schon von seiner Substanz. Wie kann ein Land reich sein, dessen Autobahnen, Straßen, Schienenwege, Autobahnbrücken, Schulen, Sportplätze und Turnhallen immer maroder werden, in dem die Regierung denjenigen Steuererleichterungen verspricht, die für die Sicherung der Wohnung und des Hauses Geld für Alarmanlagen ausgeben, weil sie seit Jahren an der Polizei, an der inneren Sicherheit spart? Die Kölner Ereignisse sind nicht nur eine Folge des Staatsversagens, sie resultierten nicht weniger aus dem desaströsen Sparkurs der letzten Jahre, einer Verachtung, die Politiker der Polizei entgegenbringen.

In Brandenburg wurden Polizeiwachen aufgelöst, obwohl bedingt durch offene Grenzen die Zahl der Einbruchsdelikte spürbar und geradezu erlebbar steigt. Allerorten bilden sich aus Not Bürgerwehren oder Bürgerzusammenschlüsse.[80] Hochprofessionelle Banden fallen über die Brandenburger her.[81] Das Innenministerium hat längst die weiße Fahne gehisst. Das hat alles mit der »Flüchtlingskrise« noch nichts zu tun. Der Status quo allerdings ist denkbar schlecht. Dass nun der Stellenabbau der Brandenburger Polizei ausgerechnet durch die »Flüchtlingskrise« gestoppt werden soll, wird die Sicherheit der Bürger nicht erhöhen[82], weil diese neuen Stellen nicht dafür geschaffen werden: »Begründet wird der Schritt mit einer übergroßen Belastung der Brandenburger Polizei durch zusätzliche Aufgaben wegen des Zustroms von Asylsuchenden und Flüchtlingen.« Denn: »Brandenburgs Polizei steht vor enormen Belastungen … Beamte werden unter anderem bei Konflikten in und um Flüchtlingsunterkünfte gerufen. Sie müssen überdies Kundgebungen von Asylgegnern und Asylbefürwortern absichern.«[83] Trotz neuer Stellen in Brandenburgs Polizei wird sich der Schutz der Bürger und ihres Eigentums, was primär die hoheitliche Aufgabe des Staates ist, noch verschlechtern, wie die Kölner Ereignisse zeigen, denn es liegt auf der Hand, dass die Bundespolizei am Hauptbahnhof unterbesetzt war, auch weil sie andere Aufgaben zu lösen hatte.

Und das in einem reichen Land? Eine Polizei, die ihren hoheitlichen Aufgaben im Zentrum der drittgrößten Stadt Deutschlands nicht mehr nachkommen kann?

Wie konsistent Deutschlands Reichtum ist, verrät ein Bericht des Bundesministeriums für Finanzen über das Schuldenrisiko des Staates. In einem günstigen Szenario benötigte der Staat künftig jedes Jahr zusätzlich 7 Milliarden Euro an Mehreinnahmen für steigende Sozialausgaben, im ungünstigen Fall jährlich 23 Milliarden Euro. In diesen Projektionen sind die Flüchtlingskosten noch nicht berücksichtigt, nicht die vielen Milliarden, die man für Wohnungsbau, Gesundheitsversorgung, Bildung, für die Integration der Flüchtlinge auszugeben gedenkt.[84]

Aber ganz davon abgesehen und grundsätzlich gefragt: Wie kann Deutschland ein reiches Land sein, wenn es massenhaft Armut gibt, besonders erschreckend hierbei: eine hohe Kinderarmut? Wenn man über Bildung spricht, muss man beim Problem der Kinderarmut beginnen. In Zahlen: etwa 2,5 Millionen Kinder leben in Deutschland, wie es technokratisch heißt, in Einkommensarmut. Ein Interesse der Bundeskanzlerin für dieses Thema sucht man vergebens. Findet schon eine aktuelle Stunde im Bundestag dazu auf Antrag der Linksfraktion statt, gibt die Kanzlerin lieber eine Erklärung zu einem der vielen EU-Gipfel ab.[85] Oder sie verkündet, dass sie die Entwicklungshilfe für die Armen in der Welt anheben will, was löblich ist, aber den deutschen Kindern, die in Armut leben, sicherlich besonders hilft.[86] Das Desinteresse der Kanzlerin an dem Thema der Kinderarmut in Deutschland verdiente, als *chronique scandaleuse* zusammengestellt zu werden. Im November 2009 kritisierte der Linken-Politiker Klaus Ernst: »Die Kanzlerin setzt auf Kinderarmut als Zwangsinstrument für Hartz-IV-Beziehende«, weil sie ausgerechnet am Tag des 20. Jubiläums der UN-Kinderrechtskonvention eine Angleichung der Hartz-IV-Regelsätze an das niedrigere Kindergeld forderte. »Das ist eine unglaubliche Entgleisung. Die Menschenwürde von Kindern ist für Angela Merkel antastbar. (…) Wir brauchen eine sofortige adäquate Anhebung der Hartz-IV-Regelsätze für Kinder.

Das ist die einzige echte Option der Kanzlerin, für mehr soziale Gerechtigkeit für Kinder zu sorgen.«[87] Auf einem Forum zur Kinderarmut in Berlin im Jahr 2006 wurden die für ein »reiches« Land überdies unhaltbaren Zustände beschrieben. Der Pfarrer Bernd Siggelkow, der in Berlin »Die Arche« leitet, sagte: »Kinderarmut kann jeder in seiner Nachbarschaft beobachten, wenn er den Blick dafür hat. 40 Prozent der Eltern in Berlin melden ihre Kinder von der Ganztagsschule ab, weil sie kein Geld mehr haben, um dort das Essen zu bezahlen. Allein in der vorigen Woche kamen 340 hungrige Kinder zu uns – nur um zu essen.« Dabei wäre die Ganztagsschule als Gesamtschule oder als Gymnasium das Kernelement in der Verbesserung der Bildung. Und Heide Simonis gab zu Protokoll: »Deutschland ist das Land mit der am schnellsten steigenden Kinderarmut unter den Industrienationen … Wir müssen in der Politik endlich an dieses Tabu herangehen.«[88] Geht man aber nicht und jetzt ohnehin nicht mehr. Übrigens ist Kinderarmut eine Konsequenz aus der »inneren Abwertung« Deutschlands. Als typisch und leider symptomatisch erweist sich, dass die Kanzlerin dem Forum einen kurzen Besuch abstattete, um ein paar nette Worte zu sagen und alsbald wieder die Veranstaltung zu verlassen, denn sie hatte wirklich Wichtigeres zu tun, als über die Situation von 2,5 Millionen Kinder in Deutschland zu debattieren oder dieses drängende Thema zur Chefsache zu machen, vielleicht sinnvollerweise inkludiert in der großen Herausforderung Bildung. Die gewählten Beispiele liegen bewusst vor der großen Zuwanderung, denn es handelt sich eben nicht um ein außergewöhnliches, sondern um ein gewöhnliches Problem im »reichen« Deutschland, seit Jahren schon. Für die 2,5 Millionen deutscher Kinder, die in Kinderarmut leben, scheint nicht das freundliche Gesicht, sondern nur die kalte Schulter zu gelten.

Es wird sogar noch schlimmer kommen, denn diese hohe Zahl wird steigen, weil das freundliche Gesicht der Kanzlerin den sozialen Druck auf diejenigen, die kaum über die Runden kommen, verstärken wird.

Freie Heimplätze werden mit unbegleitet reisenden Flüchtlingskindern belegt, während, wie ich von einem Sozialarbeiter höre, er nun nicht mehr weiß, wo er Kinder, die über zwölf Jahre alt sind und die er aus deutschen Familien nehmen muss, weil akute Gefahr für ihre Entwicklung und körperliche Unversehrtheit besteht, unterbringen soll. Kinder in diesem Alter nehmen Pflegeeltern in der Regel nicht mehr auf, und im Heim sind aufgrund der oben geschilderten Situation die Plätze belegt. Die deutschen Kinder, die wirklich gefährdet sind, werden einmal mehr vergessen. Das Engagement der Familienministerin sucht man hier vergebens. Das Paradoxon besteht darin, dass plötzlich ein solidarisches Deutschland eingefordert wird, für das man in der Vergangenheit nichts getan hat. Und dieses neue solidarische Deutschland wird sich für viele, auch für diese Kinder noch unsolidarischer zeigen als zuvor.

Es ist nicht zu verstehen, warum man die Milliarden, die heute scheinbar so leicht aus dem Ärmel zu schütteln sind, in der Vergangenheit nicht für den Kampf gegen Kinderarmut und Bildung aktiviert hat. Es hieß immer, dass es an Geld mangele, dass man sparen müsse, doch plötzlich muss man nicht mehr sparen, plötzlich ist es wie bei der wundersamen Brotvermehrung da – und zwar in einer Größenordnung, dass die Kanzlerin in einem ZDF-Interview, als sie sich in den Zahlen verhedderte, stöhnte, dass sie schon mit den vielen Milliarden ganz durcheinander käme.[89]

Das »reiche« Deutschland leistet sich seit Jahren diese hohe Kinderarmut, anstatt sie als gesellschaftliche Katastrophe zu begreifen und anzugehen. Der Fakt verdeutlicht den eiskalten Zynismus der Lüge vom reichen Deutschland.

Wer auch nur eine geringe Kenntnis davon besitzt, was Kindern in deutschen Familien angetan wird, die vom Jugendamt aus diesen Familien geholt werden müssen und dann zu Pflegeeltern gebracht werden, der bekommt eine Ahnung von diesem himmelschreienden Elend und eine Wut, der weiß, welche enormen Aufgaben Pflegeeltern und Jugendämter in diesem Land meistern und leider zu meistern haben. Immer wieder werden den Kindern die im Grundgesetz verankerten Rechte wie Würde und das Recht auf körperliche Unversehrtheit vorenthalten, und nicht immer können Jugendämter aus Personalmangel schnell und angemessen reagieren. Um diesen Kindern unverzüglich zu helfen, fehlt es im »reichen« Deutschland an Personal, letztlich an Geld. Auf Kosten der Zerbrechlichsten und Schwächsten wird seit Jahren in diesem »reichen« Land gespart. Erinnert sei an Martin Luther, der klipp und klar schrieb: »Man soll die Christen lehren, dass, wer keinen Überfluss besitzt, verpflichtet ist, das Notwendige für sein Hauswesen zu behalten und keineswegs für Ablass zu verschwenden.«[90] Es ist nicht menschlich, menschlich auf Kosten der Menschlichkeit zu sein.

Das Thema der Kinderarmut wird inzwischen sowohl von den Regierungsparteien als auch von den Oppositionsparteien ignoriert, weil es für alle wichtigere Probleme gibt. Wie soll Deutschland die Bewältigung der Flüchtlingskrise denn »schaffen«, wenn es noch nicht einmal »geschafft« hat, Kinderarmut zu beseitigen? Wie soll denn Deutschland massenhafte Integration »schaffen«, wenn es bisher in der Integration versagt, wie soll es denn die Bildungsmöglichkeiten »schaffen«, wenn es zuvor auf dem Gebiet so vieles nicht »geschafft« hat? All diese Fragen kann man in die rechte Ecke schieben, aber es wird der Demokratie dieses Landes nicht guttun, wenn sich eines Tages die Mehrheit der Bürger in dieser Ecke wiederfindet, und zwar ohne dass sie dazu beigetragen oder sich politisch bewegt hätten.

Es ist erschütternd, aber die Politik hat die deutschen Kinder in Not einfach vergessen. Sie hat sie nicht nur vergessen, sie entzieht ihnen sogar den staatlichen Schutz. Man kann nicht brisante Bemerkungen und Selfies in alle Welt schicken und dann keinen Plan vorweisen, wie man mit den Folgen der Bilder, der visuell ausgesprochenen Einladung, umgeht, sondern sie einfach auf den Schultern der Schwächsten in dieser Gesellschaft abladen. Es ist eine Binsenweisheit, dass diejenigen, die »wir« sagen, stets »ihr« meinen, denn der Satz »Wir schaffen das« heißt doch eigentlich: »Ihr schafft das schon«, ihr Helfer, Bürger, Eltern, Kinder.

Im »reichen« Deutschland sind nicht wenige Schulen und Sporthallen in einem beschämenden baulichen Zustand. Knöterich und Efeu, der in Schulinnenräumen zu wuchern beginnt, herausfallende Deckenplatten in Klassenräumen, Flure, die zu Schulmensen für das Mittagessen umfunktioniert werden, Schimmel in Sporthallen, Sanitäranlagen, die nicht benutzt werden können[91] – man könnte einen seitenstarken Katalog herausbringen, wollte man die baulichen und hygienischen Missstände in Schulen, Schulhorten und Kindertagesstätten auflisten. Inzwischen haben Schulen sogar Anlass zur Freude, wenn ihre Sporthallen so heruntergekommen sind, dass sie als Flüchtlingsunterkünfte nicht in Frage kommen, so können sie weiter zum Sportunterricht benutzt werden. Die Duschen des Lilienthal-Gymnasiums in Berlin-Lichterfelde beispielsweise wurden gesperrt, weil sie hin und wieder Legionellen befielen, und das Wasser im Waschbecken wegen des alten Rohrsystems nicht als Trinkwasser benutzbar war, sodass die Turnhalle als Flüchtlingsunterkunft nicht requiriert werden konnte. Warum wurde in diesem »reichen« Deutschland diese Halle nicht längst saniert? Warum müssen unsere Kinder in unserem »reichen Land« seit Jahr und Tag in so einer Halle Sport treiben?

Inzwischen ist man eher froh, wenn keine regierende Partei das Thema Bildung entdeckt. Denn die sogenannte Bildungsförderung führt zu Bildungsabbau. Die deutsche Universität wurde mit dem für Deutschland verfehlten Bachelor-Master-System ohne jeden inhaltlichen Grund geschliffen, nur um das deutsche Hochschulsystem dem amerikanischen anzugleichen. Wieso und wozu eigentlich?

Seit Jahren werden Lehrerstellen im »reichen« Deutschland reduziert. Die grüne Bildungsministerin von NRW musste im August 2015 eingestehen, dass seit Jahren 3560 Lehrer in ihrem Bundesland fehlen. Die Folge ist, dass »67 % der Gymnasien und sogar 76 % der Realschulen (…) die vom Schulministerium vorgegebenen Wochenstunden zum Teil erheblich« unterschreiten.[92] Man rufe sich Martin Luthers Forderung ins Gedächtnis.

Zynisch dabei ist, dass die Ministerin mit der perspektivisch sinkenden Schülerzahl argumentiert. Zumindest stellt es eine verblüffende Definition des Lieblingsbegriffs der Grünen dar, nämlich der Nachhaltigkeit: Die Ministerin hat in einem beherzten Vorgriff auf die Zukunft die Lehrestellen schon einmal auf den Bedarf herabgesenkt, der laut Prognosen erst eintreten wird. Die Lücke kann in NRW nicht geschlossen werden. Dass sich diese unhaltbare Situation im »reichen« Deutschland verschärft, wenn nun Kinder von Zuwanderern in großer Zahl dazukommen – die Schätzungen schwanken in NRW zwischen 40.000 und 90.000 schulpflichtigen Kindern –, liegt auf der Hand.

Erfolgsmeldungen von tausenden Neueinstellungen von Lehrern erweisen sich bei näherem Hinsehen oft als Wiederbesetzung von Stellen, die aufgrund von Pensionierungen frei werden. Zudem wurden beispielsweise in Brandenburg die Lehrerstunden reduziert, was dazu führt, dass immer weniger Schularbeitsgemeinschaften von Lehrern betreut werden können, weil die Lehrerstunden zunehmend zur Vertretung genutzt werden, um dem Unterrichtsausfall entgegenzuwirken. Dadurch wird praktisch der Ganztagsschule die notwendige personelle Ausstattung entzogen. In Brandenburg stellt man zudem Lehrer auch befristet ein, nicht nur von Schuljahr zu Schuljahr, sondern von Schulferien zu Schulferien, also zum

Beispiel von Sommer- zu Herbstferien Es kommt sogar vor, dass eine Befristung 14-tägig verlängert wird.

Was mutet man den Lehrern, die nicht nur Bildung vermitteln, sondern auch einen pädagogischen Prozess führen sollen, und Schülern zu? Die betroffenen Lehrer finden sich in den Ferien beim Sozialamt ein, um den Verdienstausfall mit Hartz IV zu überbrücken. Deutschland – ein reiches Land?

Gerade im Zusammenhang mit dem Reichtum existiert eine interessante Analyse des Ökonomen Gabriel Zucman, die ein bezeichnendes Licht auf die Daten wirft, mit denen man in Europa und in Deutschland gern operiert, wenn man über den Reichtum eines Landes redet. Die Vermögensposition der europäischen Länder, außer Deutschland übrigens auch die der USA, liegt im negativen Bereich. Es verlässt also mehr Geld die Länder als hereinkommt. Demzufolge müssten die ärmeren Länder eine positive Vermögensposition besitzen. Aber auch ihre Zahlen sind negativ. In diesem Zusammenhang stellt Thomas Piketty fest: » ... dass die ganze Erde eine deutlich negative Vermögensposition hat« und spottet: »Es sieht, anders gesagt, ganz danach aus, als würde der Mars uns besitzen.«[93] Nüchtern betrachtet: »Es verlässt mehr Geld die Länder, als in anderen Ländern ankommt, was prinzipiell unmöglich ist.«[94] Gabriel Zucman wies nun nach, »dass die plausibelste Erklärung für diese Diskrepanz in der Existenz eines beträchtlichen Volumens nicht registrierter finanzieller Vermögenswerte liegt, die von den Haushalten in den Steueroasen versteckt werden. Seiner vorsichtigen Schätzung zufolge beläuft sich dieses Volumen auf fast 10 Prozent des weltweiten BIP.«[95] Hierzu muss man wissen, dass in den letzten Jahrzehnten die Privatvermögen im Vergleich zum Nationaleinkommen sehr stark angestiegen sind. Die sogenannten reichen Länder werden immer ärmer, weil sich die wirklich Reichen längst ihrer Nationalität entledigt haben und »einen Teil ihrer Aktiva in Steueroasen verstecken«[96]. Bedenkt man, dass hierzulande – trotz Hoeneß und Co. – ein ungewöhnlich effektives Steuerregime herrscht, dann erklärt sich schon hieraus die positive Vermögenssituation von Deutschland, die nicht nur im Exportüberschuss begründet liegt, sondern möglicherweise auch darin, dass mehr an den Fiskus abgeliefert und weniger in Steueroasen gesteckt wird bzw. erst gar nicht – siehe Griechenland – bezahlt wird. Die Exportüberschüsse kommen aber dem deutschen Steuerzahler, dem deutschen Bürger in geringerem Umfange zugute, als man gemeinhin denkt, denn die Erlöse investierte und investiert man weltweit. Aus den deutschen Gewinnen wurde vagabundierendes deutsches Geld oder, wie die US-amerikanischen Finanzprofis spotteten: *stupid german money*. Würde man die griechischen oder französischen Privataktiva, die in Steueroasen liegen, zum Nationaleinkommen hinzurechnen, würde sich die finanzielle Situation anders darstellen, und Deutschlands Reichtum und Griechenlands Armut würden sich relativieren. Bezöge man den realen Reichtum der griechischen Oberschicht, ob er sich nun auf Konten oder in Anlagen verschiedenster Art befindet, in das griechische Durchschnittseinkommen ein, dann veränderte sich die Vermögenssituation des Durchschnittsgriechen im Vergleich zum Durchschnittsdeutschen signifikant. Plötzlich würden die reichen Deutschen als gar nicht mehr so reich dastehen. Es ist der Dünkel, der sie glauben lässt, reich zu sein.

Die immer wieder von allen Medien benutzte Formulierung vom »reichen« Deutschland erweist sich bei näherem Hinsehen als das, was sie ist: eine Propagandalüge. Durch die »innere Abwertung« subventioniert der deutsche Steuerzahler den deutschen Exportüberschuss, wartet aber vergeblich darauf, dass dieser Reichtum zum Nutzen des deutschen Steuerzahlers reinvestiert wird, zum Beispiel in die Bildung. Hinzu gesellen sich absurde Bildungsexperimente wie die sogenannten Flexklassen, in denen zwei Jahrgangsstufen in einer Klasse lernen. Das »reiche« Deutschland kehrt zum Klippschulsystem aus Kaiserzeiten zurück. Von Flex- bis Inklusionsklassen wurden Bildungsmodelle entwickelt, denen man den möglichen Erfolg verweigert, indem durch Einsparungen das erforderliche Personal nicht zur Verfügung gestellt und die notwendigen baulichen Veränderungen nicht vorgenommen werden. An der Bildung wird gespart, auch wenn die Verantwortlichen Statistiken vorweisen, die dem zu widersprechen scheinen. Aber die Realität steht gegen diese Statistiken – und das Beispiel der sogenannten Neueinstellungen zeigt, wie diese Statistiken zustande zu kommen scheinen.

Nachdem Eltern und Lehrer sich seit Jahren mit Einsparungen im Bildungsbereich herumärgern mit zu großen Klassen, mit Unterrichtsausfall, mit Schulen und Turnhallen, deren Bausubstanz eine Schande für ein reiches Land sind, und vor allem mit zu wenig Lehrern, überrascht die Regierung diese Eltern nun mit der Ankündigung, dass plötzlich viel Geld da ist, um Lehrer einzustellen, um Polizisten einzustellen und will Jobs im öffentlichen Dienst in atemberaubender Zahl und zu astronomischen Kosten schaffen. Man reibt sich plötzlich die Augen, wie viel Geld für Bildung da sein soll. Freilich, dem Bürger schwant, dass er die Ideen der Regierung durch Steuererhöhungen oder eine Veränderung des Rentensystems zu bezahlen hat. Und nicht nur damit, sondern vor allem mit einer signifikanten Verschlechterung der Schulbildung seiner Kinder. Innenminister Thomas de Maizière hat vorsorglich angekündigt, dass man Standards im Bildungsbereich wird senken müssen.[97] Man muss dem Mann danken, dass er ausgesprochen hat, was niemand in der Regierung zu sagen wagt, was aber jeder Bürger in diesem Land, der seine Erfahrungen mit dem Bildungssystem Deutschlands gemacht und eins und eins zusammenzählen kann und vor allem will, ohnehin klar ist. Die Regierung rechnet jetzt schon damit, dass es weniger Bildung für Kinder geben wird, zumindest für diejenigen, die nicht auf Privatschulen gehen. Fragt man die Eltern, die doch mit ihren Steuern die Schulen bezahlen, ob sie mit der Absenkung von Bildungsstandards einverstanden sind?

Aber es betrifft nicht nur inhaltliche und personelle Standards, sondern auch die nicht minder wichtige Infrastruktur. Die Entwicklung lässt berechtigte Zweifel entstehen, dass auch genügend Geld zur Verfügung stehen wird, damit die vielen als Flüchtlingsunterkünfte genutzten Sporthallen nach Rückgabe an die Schulen und Vereine auch die notwendige Sanierung erhalten können. Allein in Berlin leben 10.000 Menschen in 49 Sporthallen, die eigentlich dem Schulsport, dem Vereinssport und dem Spitzensport dienen sollen. Niemand weiß, welche Sanierungskosten entstehen. Dass sie allerdings beträchtlich sein werden, lässt sich bereits prognostizieren. In der Polizeisporthalle in Berlin-Spandau lebten beispielsweise drei Tage lang vorübergehend Zuwanderer. »Danach mussten massive Schäden in den Duschen behoben werden«, sagt Bodo Pfalzgraf, der Landesvorsitzende der Deutschen Polizeigewerkschaft. Flüchtlinge hätten die Abflussrohre in den Duschen als Toiletten benützt. »Nach zwei Stunden war alles dicht«, sagt Pfalzgraf. »Und dann haben sich Heimbewohner beschwert, dass die Sanitäranlagen nicht funktionierten.« Wie hoch der Schaden war, konnte Regina Kneiding, Pressesprecherin der Senatsverwaltung für Soziales und Gesundheit, nicht sagen. Aber bezahlt hat das Land Berlin die unbekannte Summe.[98]

Seit Jahren predigen all jene, die gleichzeitig jede gesellschaftliche Veränderung oder Reform, wie beispielsweise die Agenda 2010, mit dem Argument der Globalisierung versehen, dass wir in einem scharfen Wettbewerb mit der ganzen Welt stehen. Das Zauberwort lautet: Wettbewerbsfähigkeit. Abbau des Sozialstaates, prekäre Arbeitsverhältnisse, alles wurde mit der Notwendigkeit gerechtfertigt, unsere Wettbewerbsfähigkeit in der globalisierten Welt zu erhalten. Wahr ist, dass unsere Kinder sich mit den Kindern in der ganzen Welt in Konkurrenz befinden. Wie sie diesen Wettbewerb bestehen, liegt zuerst an der Qualität ihrer Bildung. Das kann man schon bei Luther nachlesen, wenn man Luther überhaupt noch lesen will. Lebt die Regierung in der verhängnisvollen Illusion, diesen Wettbewerb durch einen mirakulösen Akt des Willens für ein paar Jahrzehnte aussetzen zu können, weil wir leider für unsere Kinder die Bildungsstandards senken müssen? Unserem Gemeinwesen wird eine schlecht ausgebildete Generation nichts nützen. Um auf Luthers Erkenntnis hinzuweisen: Abgesenkte Bildungsstandards werden zwangsläufig ein abgesenktes Lebensniveau und einen signifikanten Verlust an Demokratie zur Folge haben. Die Absenkung der Bildungsstandards setzt für Deutschland mittelfristig eine Abwärtsspirale in Gang, die alle Bereiche des gesellschaftlichen Lebens erfassen wird. Der Ökonom Thomas Piketty schreibt über die britischen Staatsschulden im 19. Jahrhundert: »Insgesamt mussten britische Steuerzahler in dieser Zeit mehr für Schuldzinsen aufbringen als für ihr gesamtes Bildungssystem. Die Entscheidung lag sicher im Interesse der Besitzer von Staatsanleihen, aber wohl kaum im Allgemeininteresse des Landes. Man kann sich des Gedankens nicht erwehren, dass der britische Bildungsrückstand das Seine zum Niedergang des Landes in den folgenden Jahrzehnten beigetragen hat.«[99] Zur gleichen Zeit wurde in Deutschland das Bildungssystem weiter ausgebaut, was zu einem wirtschaftlichen Aufschwung und zu einer führenden Stellung der deutschen Universitäten beitragen sollte. Von dieser Entwicklung sind wir inzwischen weiter denn je entfernt.

Wem das zu abstrakt ist, der stelle sich vor, wie schlecht ausgebildete Ingenieure Deutschlands Stellung auf dem Weltmarkt mit schlechten Produkten halten sollen oder wie sehr man sich die Behandlung durch einen schlecht ausgebildeten Arzt wünscht. Martin Luther hat klar und deutlich formuliert, weshalb Bildung so wichtig ist, dass die Obrigkeit alles für ihre Förderung tun und kein noch so großes finanzielles Engagement scheuen darf, denn Bildung ist die beste und nachhaltigste Sozialarbeit und effektivste Zukunftsvorsorge. Bildung sollte das wichtigste Thema einer Regierung sein, sie entscheidet über Wohlstand, Wettbewerbsfähigkeit, Zukunft und Lebensqualität. Bildung ist der beste Schutz davor, sich ausbeuten zu lassen, der beste Schutz davor, die Freiheit aufs Spiel zu setzen.

Stattdessen sieht »die neue Präsidentin der Kultusministerkonferenz, Bremens Senatorin Claudia Bogedan, (…) die Integration von Flüchtlingskindern als größte schulpolitische Herausforderung 2016«[100]. Nicht in einem durchdachten Konzept zur längst überfälligen Verbesserung der Bildung, zur Anhebung der Bildungsstandards, das natürlich die Beschulung von Flüchtlingskindern mitbedenken muss, sieht die neue Präsidentin der Kultusministerkonferenz die »schulpolitische Herausforderung«, sondern in einer Veränderung des Bildungssystems, das auf die »Integration von Flüchtlingskindern« ausgerichtet zu werden scheint. Integration wird so nicht gelingen, denn es stellt sich die Frage, worein integriert werden soll. Die Bremer Senatorin verkündet dementsprechend, dass wir in einer neuen Gesellschaft leben. Tun wir das wirklich? Dekadenz ist historisch zumindest nichts Neues. Aus der fragwürdigen Behauptung wird die noch fragwürdigere Schlussfolgerung gezogen: »Das erfordert von der Schule eine ständige Anpassungsleistung.«[101] Anpassen woran? An welches Weltbild? An welche Gesellschaft? Sehr selbstbewusst erklärt die Bremer Senatorin: »Gerade ein Land wie Bremen (kann) als gutes Beispiel wirken und zeigen, wie man zu einer gelungenen Integration beitragen kann.« Das gute Beispiel besteht allerdings darin, dass Bremens Schüler »bei Leistungsvergleichen meist Letzter – mit mehr als einem Jahr Rückstand in Deutsch und Mathe zu Spitzenreitern wie Sachsen und Bayern«[102] sind. Nimmt man die neue Präsidentin der Kulturministerkonferenz beim Wort, dann kann das gute Beispiel nur in der »inneren Abwertung« der Schule bestehen, wird Anpassung zum Synonym für die Absenkung der Bildungsstandards, denn das wichtigste Ziel wäre dann nicht Bildung, sondern Integration, die Integration deutscher Schüler in ein sich verschlechterndes Bildungssystem, das sich den Auswirkungen der politischen Romantik einer politischen Klasse anzupassen, das den Bezug zur politischen Rationalität und zur Wirklichkeit verloren hat. Das Hauptproblem des deutschen Bildungswesens besteht ohnehin abseits von aller Integration darin, dass ständig Anpassungen vorgenommen werden und die Schule immer weniger zur Erfüllung ihrer eigentlichen Aufgabe kommt, nämlich der Erziehung und Bildung.

Die Sternstunden Deutschlands schlagen jedoch immer im Rhythmus unserer Bemühungen um Bildung, einer Bildung, die vor allem aus einer großen und reichen europäischen Kultur erwächst. Nicht Merkel, nicht Renzi, nicht Hollande und auch nicht Juncker sind Europa, sondern Johann Wolfgang von Goethe, Donato Bramante und René Descartes, nicht im politischen Brüssel finden wir Europa, sondern in den Regionen der einzelnen Länder begegnen wir dem eigentlichen Europa. Opfern wir in der Castingshow des freundlichsten Gesichts nicht Bramante und Goethe. Tauschen wir nicht wie Hans im Glück unsere Identität gegen Gesichtslosigkeit, gegen die Inflation der Anpassungen ein. Wer sich immer nur anpasst, wird irgendwann nicht mehr sein. Europa und Deutschland allzumal benötigen so dringend wie die Luft zum Atmen eine neue Hinwendung zur eigenen Kultur, die nur aus einer neuen Lust zur Bildung erwächst, einer Lust, die Luther bereits in der Ratsherrenschrift beschrieb.

Wie symbiotisch Kultur und Bildung funktionieren, zeigt ein Blick nach Frankreich. Die französische Bildungsministerin Najat Vallaud-Belkacem reduziert in den Schulen drastisch den Deutschunterricht. Dabei gehören der Erwerb der deutschen Sprache durch französische Schüler und der Unterricht deutscher Schüler in der französischen Sprache gerade in der so wechselvollen Geschichte beider Völker zu den wichtigen Stützpfeilern Europas. Latein hält die französische Bildungsministerin ebenfalls für überflüssig. An dieser Stelle lässt sie jedes Gefühl für Europas Kultur vermissen. Nicht nur Deutschlands, sondern auch Europas Prosperieren fließt aus seiner reichen Kultur. Diese Kultur stellt den Kompass dar für künftige Weichenstellungen, die über Wohl und Wehe, schlicht über unsere Zukunft entscheiden. Kultur ist übrigens nichts Museales, nichts Rückwärtsgewandtes, sondern die Befähigung, die Zukunft bewusst und erfolgreich zu gestalten. Die Frage lautet also, welche Zukunft möchten wir haben: ein prosperierendes oder ein zerfallendes Gemeinwesen? Wollen wir von Martin Luther und von der Kultur der Aufklärung, der Menschen- und Bürgerrechte ausgehen und in diesem Sinn unsere Gesellschaft weiterentwickeln, dann muss die Bildung unserer Kinder zur intellektuellen, finanziellen und planerischen Priorität werden. Wenn darin unser Ziel besteht, dann folgt daraus die absolute Forderung, die Bildungsstandards nicht abzusenken, sondern sie im Gegenteil anzuheben, denn für Bildung wurde schon in den letzten Jahren viel zu wenig getan.

Alle Schüler verdienen Förderung, nicht nur die, die Schwierigkeiten haben, im Unterricht mitzukommen, sondern auch diejenigen, die schneller vorankommen. Zugleich ist es unerlässlich, Schülern mit Lernschwierigkeiten zu helfen. Dazu bedarf es kleiner Klassen und das tägliche Erlebnis individueller Förderung und solidarischer Gemeinschaft. Gerade das Lernen ist ein ausgesprochen persönlicher Vorgang. Alles Unpersönliche, Massenhafte ist hier kontraproduktiv. Wer in den vielfältigen Ideologemen einer sich modern dünkenden Erziehungswissenschaft die Orientierung zu verlieren droht, dem seien die pädagogischen Ideen und auch Utopien der Aufklärung und der Klassik empfohlen und zur Freude und Entspannung einmal Klopstocks und auch Arno Schmidts »Gelehrtenrepublik«.

Bildung ist ein Prozess, der nur von Mensch zu Mensch stattfindet. Das kann man als rückwärtsgewandt abtun, würde dann jedoch nur einen eklatanten Mangel an Wissen offen-

baren, denn Europa erhielt seinen kräftigsten Modernisierungs-
schub am Beginn der Neuzeit und ausgerechnet dadurch, dass
»rückwärtsgewandte« Intellektuelle Wissenschaft, Dichtung,
Kunst und Technik in aufsehenerregender Weise entwickelten
und ein neues Verständnis der Gesellschaft und des Menschen
gewannen, gerade indem sie die Leistungen und Werte der Antike wiederentdecken und für sich nutzen wollten. Es war der
Rückgriff auf die Vergangenheit, der Europa in die Zukunft
führte.

Die Brandenburger Linken haben ihr Feindbild im Gymnasium ausgemacht. Früher spotteten wir, der Sozialismus sei der
Klassenkompromiss auf der Basis des Eintopfes. Eintopf ist
nahrhaft, keiner verhungert, aber wer ein Schnitzel möchte,
wird zum Staatsfeind Nummer eins erklärt. Der bildungspolitische Eintopf der Gesamtschule, von dem die Linken nicht
aufhören können zu schwärmen und den sie nun auch die
Brandenburger auslöffeln lassen, führt zur Vermassung, zur Ni-
vellierung und zur Verachtung von Leistung, zu einer Anpassung und einer Absenkung von Bildungsstandards. Im ausgehenden Mittelalter erkannten einflussreiche Kräfte innerhalb
der Kirche, dass zu viel Bildung – mehr Bildung, als notwendig
war – ihre Herrschaft in Frage stellte und ihre Macht minierte.
Die Macht der Kirche beruhte auf dem Bildungsmonopol, das
Luther durch seine bildungspolitischen Aktivitäten zerbrach.
Nicht in Martin Luthers, sondern in des obskuranten Papsts
Pauls II. Tradition scheint bildungspolitisch die Brandenburger
Linke zu stehen. Hingegen wird es in einer Welt zunehmender
Verteilungskämpfe überlebenswichtig, ein differenziertes und
intelligentes Bildungssystem zu besitzen. Und nicht die Ein-
heitsschule. Die durchsichtige Begründung, man wolle, dass
die Kinder länger gemeinsam lernen, widerlegt bereits der Hin-
weis, dass man ja auch vom Abitur her zurückblicken kann.
Dann würde der Regelwechsel von der 4. zur 5. Klasse am Gymnasium bedeuten, dass die Kinder in den Gymnasialklassen län-

ger gemeinsam lernen. In Berlin und Brandenburg wechseln die Schüler erst nach der 6. Klasse ans Gymnasium. Mit den Lern- und Begabtenklassen (LUBK), die auch nicht alle Gymnasien anbieten dürfen, wurde eine Ausnahme geschaffen. Auf Empfehlung der Schule können Eltern in der 4. Klasse ihre Kinder für eine LUBK anmelden. Für die Kinder bedeutet das eine große Anstrengung, die sich über das ganze Schuljahr hinzieht. Es zählt das Halbjahreszeugnis der 4. Klasse. Wenn Zeugnis und Beurteilung der Schule entsprechend sind, wird der Schüler zu einem persönlichen Gespräch eingeladen und muss außerdem noch einen prognostischen Test schreiben. Bedenkt man, wie anstrengend dieses Prozedere für die Kinder ist und wie sehr sie sich freuen, wenn ihre Bewerbung Erfolg hat, dann kann man ermessen, wie kalt und herzlos eine Entscheidung des Brandenburger Bildungsministerium im Sommer 2014 war, die für den Geist des Hauses stand: Im späten Frühjahr 2014 wussten die Schüler, die sich um Aufnahme in die LUBK am Gymnasium Blankenfelde beworben hatten, dass sie aufgenommen worden waren. Die Verabschiedung aus ihren alten Klassen in ihren Heimatorten war vollzogen und alle gingen mit der Vorfreude auf den Wechsel in die Sommerferien, nur um bald schon zu erfahren, dass sie in ihre alten Klasen zurückkehren mussten. Was war so Außergewöhnliches geschehen? Die Schülerstärke der LUBK legte man mit 24 bis 28 Schülern fest. Da nur 22 Schüler zusammenkamen – auch weil Eltern ihre Entscheidung überdachten, ihr Kind in die LUBK zu schicken, was legitim ist –, beschloss das Bildungsministerium, dass es daher in diesem Schuljahr keine LUBK geben würde. Diese Anordnung lag im Ermessensspielraum, man hätte auch durchaus anders entscheiden können, zumal Auswahl und Vorbereitung bereits erfolgt waren. Die Presse schrieb darüber, Eltern kämpften, niemand wollte, niemand konnte sich wirklich vorstellen, dass Brandenburgs Bildungsministerium die hartherzige Entscheidung nicht zurücknehmen würde. Die Eltern täuschten sich: Das Bildungsministerium blieb ohne Not dabei. Was man damit an Demotivation und Frustration bei diesen Schülern, die so viel dafür gearbeitet hatten, hervorrief, kann man sich leicht vorstellen. In dieser Episode zeigt sich jenseits aller hehren Worte die wahre Haltung der rot-roten Regierung zur Bildung, die genau das doch zu ihrem Markenzeichen machen wollte. Und natürlich ihre Empathie für Schüler.

Die vielfältige europäische Kultur bietet sicheren und zukunftsfähigen Boden. Er muss auch gegen seine Verächter verteidigt werden. Längst sind die Möglichkeiten humanistischer Bildung nicht ausgeschöpft. Der Kanon ist schnell umrissen: klassische Sprachen, mindestens zwei europäische Fremdsprachen, Naturwissenschaften, Kommunikationslehre, Informatik, Literatur, Theater, Kunst, Musik, Geografie, Geschichte, politische Ökonomie, Philosophie und Religion, Medienkritik als Quellenkritik. Nicht der spezielle, sondern der universelle Aspekt ist zu betonen. Es ist ein großer Fehler, das Musische im Vergleich zum Naturwissenschaftlichen zu unterschätzen. Zur Ausbildung von selbstbewussten, freien Menschen, die in ihren Berufen – ob als Forscher oder Erzieher, als Musiker oder Techniker, als Arzt oder Ingenieur – Erfüllung finden und Großartiges leisten können, bedarf es sowohl der musischen, der künstlerischen, der philosophischen wie naturwissenschaftlich Fächer, um Menschen heranzubilden, die in der Lage sind, kritisch ihre Welt zu analysieren und zu beurteilen, die sich nicht vereinnahmen lassen, selbst denken und Verantwortung für sich, ihre Kinder, ihre Umwelt und Zukunft übernehmen. Dabei kommt es zunehmend darauf an, dass die Schüler zur Medienkritik als eine Weiterentwicklung der Quellenkritik befähigt werden. Nicht nur der verantwortungsvolle Umgang mit der eigenen Individualität, zu der die eigenen Daten zählen, sondern auch die Fähigkeit, die Berichterstattung der Medien, gerade wenn sie nicht mehr berichten, sondern Meinungs-, genauer Gesinnungsbildung, letztlich Manipulation betreiben wollen, kritisch zu hinterfragen, kommt ein immer höherer Stellenwert zu. Medienkritik ist – in unseren Zeiten allzumal – die Voraussetzung für die Meinungsbildung, eine freie Meinungsbildung gehört essenziell zur Meinungsfreiheit. Die Fähigkeit, kritisch Medien zu rezipieren, zählt zu den Bedingungen einer »Mediendemokratie«. Nicht Lemminge, sondern gebildete kritische, selbstbewusste Menschen benötigt das moderne Europa.

Computer können und dürfen deshalb nicht Lehrer ersetzen, weil gerade im Lernprozess, in der Auseinandersetzung und in der Aneignung von Wissen und intellektuellen Techniken die allermenschlichste Tätigkeit stattfindet. Wenn Schüler im Unterricht jede Notiz in einen vernetzten Computer tippen, wird ein Momentum aufgegeben, das zur Freiheit gehört: die Privatheit, die Privatsphäre, die im Großen wie im Kleinen zu schützen ist. Das beginnt bei so unauffälligen, kleinen Dingen wie dem berühmten Schmierzettel, der sich der Überwachung entzieht. Zur Bildung gehört auch Herzensbildung, die nur von Mensch zu Mensch vermittelt werden kann, nicht von Maschine zu Mensch. Kaltes Wissen ist totes Wissen, Wissen für Drohnenpiloten, nicht aber für Ärzte.

In seiner Predigt und in der Ratsherrenschrift spricht Martin Luther genau diesen Aspekt an. Freiheit und Bildung bedingen einander, denn nur gebildete Menschen können frei sein. Je gebildeter ein Mensch ist, je stärker sein kulturelles Selbstverständnis, desto unerreichbarer ist er für die Manipulation, dafür, sich fremden Zwecken oder Ideologien dienstbar zu machen. Unsere Kinder sollen in ihren eigenen und nicht in Zuckerbergs Räumen spielen. Ihre zerbrechliche Privatsphäre, deren Wert sie noch nicht zu schätzen wissen, müssen ihre Eltern schützen. Hier wachsen Eltern neue Aufgaben zu und leider auch über den Kopf, weil sie zuweilen selbst den freiheitlichen Wert der Privatsphäre übersehen.

Kapitel 9

Verantwortungslose Wissenschaft?

Inzwischen wird immer deutlicher, wie Wissenschaft in zweifacher Hinsicht des Glaubens bedarf. Grenzbereiche der Forschung wie Molekularbiologie oder Astrophysik stoßen an theologische Modelle, wie sie in der Bibel, in der Gnosis oder in Dantes *Paradiso*, dem dritten Teil der *Divina Commedia*, zu finden sind. Die Wissenschaft hat ein Niveau erreicht, das geradezu des Glaubens bedarf. So wie Wissen Glauben einhegen kann, dass er nicht vom persönlichen Glauben zu einer totalitären Gesellschaftsideologie wird, muss Glauben auch Wissen begleiten. Längst sind wir wissenschaftlich und technisch weiter, als wir ethisch verantworten können. Wie weit darf Wissenschaft gehen? Letztlich geht es dabei um die Frage: Was ist Leben? Wo beginnt Leben, wo endet es? Von der Beantwortung dieser scheinbar theoretischen Frage hängen praktische Entschlüsse ab.

Wenn ein Mensch ins Koma fällt und durch Apparate am Leben gehalten wird, steht die Frage im Raum, wann diese Apparate ausgeschaltet werden dürfen und wer nach welchen Kriterien diese Entscheidung fällen darf. Auch die Beurteilung der Legalität des Schwangerschaftsabbruchs hängt entscheidend davon ab, wie man beurteilt, ab wann Leben beginnt. Wie tief und komplex darf Wissenschaft das Erbgut verändern? Darf sich der Mensch an Gottes Stelle setzen und menschliches Leben züchten? Inwieweit darf er genetisches Material verändern? Wo ist die Grenze zwischen der Behebung genetischer Defekte, um Krankheiten und das damit verbundene Leid zu vermeiden, und nationalsozialistischer Eugenik, der Züchtung von Menschenrassen, eines bestimmten Menschentyps? Dürfen wir die

Erde so weit ausbeuten wie beim Fracking, noch dazu um den Preis, dass wir unsere Umwelt vergiften? Sind das die Entstehungskosten des Fortschritts? Was ist Fortschritt überhaupt? Ist unsere Vorstellung, die von Fortschritt und Wachstum ausgeht, richtig, noch richtig? Und wie kann mann erreichen, dass nicht der Profit das Maß aller Dinge ist? Mühelos lässt sich der Katalog der Fragen erweitern.

Und sicher findet sich nicht bei Martin Luther wie in einem Ratgeber auf alles die passende Antwort. Aber Luthers Anthropologie, seine Vorstellung vom freien Christenmenschen, der zugleich frei und niemandem untertan und dennoch Teil der Schöpfung ist, hilft hier prinzipiell und methodisch weiter. Martin Luther geht nicht von Sachzwecken, nicht von den großen Erfordernissen, der Gier nach Profit, den alternativlosen Notwendigkeiten aus, sondern immer vom Menschen.

Die Freiheit bindet Luther mit festen, aber beweglichen Tauen an die Verantwortung. Dieses Tau heißt Gewissen. Für die heiklen Fragen benötigt der Mensch ein solches. Hier kann und muss er auf sein Gewissen hören, das für Luther der Ort Gottes im Menschen ist. Es ist nicht heilsam und nicht ratsam, wider das Gewissen zu handeln, nicht auf seine Regungen zu achten. In den Grenzbereichen werden wissenschaftliche Fragen auch heute noch zu Gewissensentscheidungen. Luther fordert von uns – und damit ist er stupend heutig –, das Gewissen zu nutzen, produktiv zu machen. Was wir benötigen, ist eine Gewissenskunde. Ängstlich darf es nicht sein, sich genauso wenig verleugnen. Allerdings ist auch nicht alles, das wie eine Gewissensentscheidung aussieht, tatsächlich eine solche.

Wer geht nicht alles in der Maske des Gewissens einher? Die Eitelkeit? Die Feigheit? Die Ideologie? Die Unverantwortlichkeit? Die Schuld? Fälschlich nimmt man oft an, dass unser Gewissen eine rein emotionale und intuitive Angelegenheit ist, und verkennt dabei den wichtigen rationalen Anteil, den es durchaus hat. Gewissen und Intuition dürfen nicht verwechselt werden. Fehlende Rationalität ist das sicherste Anzeichen dafür, dass all das, was sich dann melden mag, nicht das Gewissen ist, sondern allzu häufig die Eitelkeit, das Schwelgen in erhabenen Gefühlen, die eigene Ergriffenheit von seinem schöneren Selbst, von seiner schönen Seele. Wer gemäß seinem Gewissen handelt, bekommt selten Beifall. In Luthers Schrift *Ob Kriegsleute auch im seligen Stande sein können* geht es unterschwellig auch um das Gewissen, liefert er Ansätze für eine Gewissenskunde, wenn er das Gewissen im Extremfall untersucht, ob es also einem Christ möglich ist, mit gutem Gewissen zu töten. Der Reformator teilt hier zwischen Person und Amt, wie er schon in der Freiheitsschrift zwischen dem inneren und dem äußeren Menschen unterscheidet. Und da jedes Amt in der Gesellschaft nötig ist, muss es der Mensch auch guten Gewissens ausüben dürfen. Er kann es, weil es Dienst an der Gesellschaft ist. Aus diesem Grund bedarf es der Regel, wird Recht benötigt: »Denn weil das Recht einfältig mit dürren, kurzen Worten aufgestellt werden muss und soll, kann es gar nicht alle Möglichkeiten und Hindernisse mit einbeziehen. Deshalb müssen die Richter und Herren hier klug und fromm sein und die Billigkeit an der Vernunft messen und so dann das Recht seinen Weg gehen oder stillstehen soll.«[103] Das Gewissen wird zum Ort der Verbindung zwischen dem inneren und dem äußeren Menschen. Der äußere Mensch hat sich an Recht und Gesetz zu halten, der innere wird durch die Vernunft bestimmt, die für Martin Luther von Gott kommt. Wie sich der Christ im Konfliktfall verhalten soll, macht er an einem Beispiel deutlich: Dem Christen ist erlaubt, im Krieg zu kämpfen, aber nur in einem gerechten: »Wie, wenn mein Herr unrecht hätte, Krieg zu führen? Antwort: Wenn du gewiss weißt, dass er unrecht hat, so sollst du Gott mehr fürchten und gehorchen als den Menschen, Apg 5,29, und sollst nicht Krieg führen noch dienen: denn du kannst da kein gutes Gewissen vor Gott haben.«[104] Genauer kann man den Anruf des Gewissens nicht beschreiben. Hier ist der freie Christenmensch, der Unrecht nicht dulden darf, weil es ihm nicht erlaubt, ein reines Gewissen vor Gott zu haben. Mit dem Gewissen kann kein Rechtsbruch gerechtfertigt werden, man kann nicht menschlich auf Kosten der Menschlichkeit handeln. Gott hat dem Menschen das Gewissen gegeben, dass er es als Kompass in den Fährnissen des Lebens benutzt. Die Bedingung des Gewissens lautet also: Gott mehr zu fürchten als den Menschen. Wenn das Gewissen als Begründung herhalten muss, weil man eine irrationale Entscheidung nicht rational begründen kann, so wird sowohl der Begriff des Gewissens missbraucht als auch die dem Gewissen notwendig innewohnende Rationalität verkannt. Gewissensentscheidungen sind keine Gefühlsentscheidungen.

Sicher, in der Theorie ist das alles schön und klar, aber in der Praxis häufen sich die Schwierigkeiten. Man kann sich damit trösten, dass Gewissensentscheidungen höchst selten vorkommen, sonst würden wir in einem permanenten Ausnahmezustand leben.

Doch gerade in den Fragen, wo wissenschaftliche oder medizinische Entscheidungen in Grenzbereiche der Ethik vorstoßen, spielt das Gewissen eine Rolle, das Bewusstsein, dass es etwas Höheres gibt, vor dem sich der Mensch zu verantworten hat. Es widersteht der Leichtfertigkeit der Verfügbarkeit, die schnell dort entsteht, wo Gewohnheit und die guten Zwecke herrschen. Gerade für diese Bereiche benötigt man als angewandte Ethik in letzter Instanz eine Gewissenskunde. Das Gewissen ist für Martin Luther eine Gnade Gottes, ein Geschenk, der Führer des Menschen in seiner Welt oder, wie bereits formuliert, der Ort Gottes im Menschen. Dass es damit ein Ort der Gefühligkeit, der Weichheit, des Visionären und Mystischen ist, folgert nicht daraus. Im Gegenteil, weil doch Gott dem Menschen Vernunft gegeben hat, ist nun gerade das Gewissen ein Ort härtester Rationalität, denn hier heißt es, die Gewichte der Welt zu wiegen. Eine Gewissensentscheidung ist ein Akt reiner, aber begnadeter

Rationalität. Es reicht für gewöhnlich, wenn der Mensch sich an Recht und Gesetz hält. Doch kann er in die Situation geraten, wo die Forderungen der Mächtigen gegen das verstoßen, was Recht und Gesetz ist, vorausgesetzt, Recht und Gesetz stehen im Einklang mit den Menschen- und Bürgerrechten. Stehen sie nicht im Einklang, sind sie per se Unrecht. Dann schlägt die Stunde des Gewissens, die Notwendigkeit, sich den Mächtigen zu verweigern. Das Gewissen muss aufstehen, wenn die Zukunft des Landes gefährdet wird, wenn das Leben bedroht, die christliche Freiheit eingeschränkt wird. Es kann derjenige kein Christ sein, der auch nur irgendein Wort erhebt für die Einschränkung der Freiheit eines Christenmenschen.

Luthers Vorstellungen vom Gewissen helfen dabei, die für unsere Kultur so wichtige Balance zwischen Glauben und Wissen herzustellen. Und wenn man genau hinschaut, findet man in dem Konzept von der Freiheit eines Christenmenschen auch die Freiheit der Forschung und der Lehre begründet. Auch hier ist Sorge zu tragen, dass diese Freiheit nicht durch einen studentischen Lynchmob und durch die Ersetzung der Wissenschaft durch Ideologie Schaden nimmt. Studenten, die ihnen missliebige Äußerungen von Professoren in Vorlesungen ins Netz stellen, um den betreffenden Professor zu mobben, erinnern an unselige Zeiten, in denen sich Studenten im Blauhemd in Vorlesungen begaben, um den Vortrag des »bürgerlichen« Professors zu stören, erinnern an die dubiosen Boykotte der 68er gegen Professoren, die sich nicht vor ihrem Weltbild verneigten. Damals allerdings mussten diese Studenten noch ihr Gesicht zeigen, was dank der Anonymität des Internets heute nicht mehr vonnöten ist. Die Anonymität des Internets schafft nicht Freiheit, sondern Unfreiheit, weil es die Verantwortung für die eigenen, auch verbalen Handlungen aushebelt. Doch zur Freiheit gehört wesentlich die Verantwortung.

Luther und die Aufklärung ernst zu nehmen im Blick auf unsere Zukunft, eine Zukunft, zu der Martin Luther und Immanuel Kant gehören, erfordert, die Bildungsstandards heraufzusetzen und die Freiheit der Wissenschaft gegen Stimmungsmache, Ideologisierung und Revisionismus zu verteidigen.

Kapitel 10
Abgewirtschaftet

»Wirtschaft, Horatio! Wirtschaft! Das Gebackne
Vom Leichenschmaus gab kalte Hochzeitschüsseln.«
William Shakespeare, »Hamlet«

Aus der richtigen Erkenntnis der existenziellen Bedeutung der Wirtschaft für den Menschen hat man den falschen Schluss gezogen, Wirtschaft um ihrer selbst willen zu betrachten. An die Stelle des Menschen rückten mathematische Modelle. Damit ging ein obskuranter Drang einher, der zu immer größerer Verselbstständigung führte. Wird der Mensch zur Kennziffer, zur Funktion, zum Glied einer noch dazu unübersichtlichen Gleichung, wird die Ökonomie zum Schatten ohne Frau und zelebriert zuweilen höchst beeindruckende Scheindiskussionen von großer Artistik und hübscher Denkästhetik. Bereits der Wortsinn verortet die Wirtschaft als menschliche Tätigkeit. Unter *oikos* versteht man vorzugsweise das Haus, wobei die Gemeinschaft mitzudenken ist, wie sie im Wort Ökumene (oikumene) mitschwingt und ihre Wurzel im griechischen *oikein* (wohnen) findet. Aus dem Wort *oikein* leiten sich sowohl die Ökonomie im Sinne von Hauswirtschaft und Haus (*oikos*) her. Der *oikonomos* wird früh schon zum Hausverwalter und die *oeconomia* zur Hauswirtschaft im Sinne einer Verwaltung von größeren Hauswirtschaften, von Landgütern und Villen. Von hier aus betrachtet, tritt die wirtschaftliche Dimension von Luthers These 46 über den Ablass deutlich vor Augen: »Man soll die Christen lehren, dass, wer keinen Überfluss besitzt, verpflichtet ist, das Notwendige für sein Hauswesen zu behalten und keineswegs für Ablass zu verschwenden.«[105] Der Christ hat zuallererst auf sein Hauswesen zu achten, womit nicht nur die Wohnung, sondern seine gesamte wirtschaftliche Tätigkeit gemeint ist. Dahinter steht die doch eigentlich simple Erkenntnis, dass, wer sich nicht mehr selbst zu helfen vermag, auch keinem anderen wird helfen können.

Überlegungen zur Wirtschaft anzustellen, bedeutet im lutherischen Sinn, zuallererst über sein »Hauswesen«, über die eigene wirtschaftliche Aktivität nachzudenken. Der Begriff Religion wird oft auch als Anbindung oder Rückbindung verstanden. Insofern geht man keinesfalls fehl, Ökonomie rückzubinden an den Menschen, sie durchaus mit Luthers Augen zu betrachten. Gleichzeitig fasziniert die Beobachtung, wie sich zwei Schriften, die in Umfang und Entstehungszeit unterschiedlicher nicht sein könnten, über ein halbes Jahrtausend hinweg in einem zentralen Punkt treffen. Dies ist der Fall bei Martin Luthers kleinem Aufsatz *Von Kaufhandlung und dem Wucher* von 1524 und dem voluminösen, in der deutschen Übersetzung 800 Seiten starken Werk des französischen Ökonomen Thomas Piketty *Das Kapital im 21. Jahrhundert* von 2013. Sowohl der deutsche Reformator als auch der französische Ökonom sehen in der wirtschaftlichen Ungleichheit das grundsätzliche Übel und eine Wurzel dieser Ungleichheit im Wucher, in bewusster menschlicher Tätigkeit also, und zugleich in anthropologischen Konstanten. Martin Luther setzt nun zunächst beim Geiz an, bei der anthropologischen Konstanten schlechthin, indem er mit Paulus feststellt: »Der Geiz ist eine Wurzel allen Übels.«

Für den Menschen des Mittelalters gipfeln die menschliche Abneigung und die gesellschaftliche Ablehnung in den beiden Gestalten des Wucherers und des Geizigen. In der mittelalterlichen und der frühneuzeitlichen Literatur und Bildenden Kunst wird der Wucherer als geizig und verschlagen dargestellt. Er zieht Profit aus etwas, was er nicht besitzt: aus der Zeit, weil er gegen Zins Geld auf Zeit verleiht, was dazu führt, dass sein Geld ununterbrochen für ihn »arbeitet«, dass genau genommen die Zeit für ihn arbeitet. Damit bestiehlt er nach mittelalterlicher

Auffassung Gott, in dessen ausschließlichem Besitz sich die Zeit befindet, denn nur wer zeitlos ist, kann über die Zeit herrschen. »Denn wer so ausleihet, dass er's besser oder mehr wiedernehmen will, das ist ein öffentlicher und verdammter Wucherer ...«[106] Als widernatürlich wird erachtet, dass jemand reich wird, ohne dass er dafür etwas tun muss, weil man das Geld nach Aristoteles als etwas Unfruchtbares betrachtete, das selbst nichts hervorbringen kann. Mit anderen Worten: Das Geld arbeitet nicht, Geld stellt in diesem Zusammenhang ein Enteignungsvorgang dar. Aristoteles sagt in seiner *Politik*: »Da es aber, wie gesagt, eine doppelte Erwerbskunst gibt, die des Händlers und die des Hausvorstandes, und diese Letztere notwendig und löblich ist, jene Erstere, auf den Umsatz beruhende, dagegen gerechten Tadel erfährt, weil sie nicht bei der Natur bleibt (Hervorhebung durch den Autor), sondern den einen Menschen vom anderen sich bereichern lässt, so ist ein drittes Gewerbe, das des Wucherers, mit vollstem Rechte eigentlich verhasst, weil es aus dem Gelde selbst Gewinn zieht und nicht aus dem, wofür das Geld doch allein erfunden ist. Das Geld ist für den Umtausch aufgekommen, der Zins aber weist die Bestimmung an, sich durch sich selbst zu vermehren. Daher hat er auch bei uns den Namen *tokos* (Junges) bekommen; denn das Geborene (*tiktomenon*) ist seinen Erzeugern ähnlich, der Zins aber stammt als Geld vom Gelde. Daher widerstreitet auch diese Erwerbsweise unter allen am meisten dem Naturrecht.«[107] Aristoteles sieht die Widernatur, das Verderbliche, in der Entfremdung. Geld ist für ihn ein Zahlungsmittel, das dem Tausch von Waren und Dienstleistungen dient, ein reines Zahlungsmittel. Entfremdung oder Widernatur ist erreicht, wenn das Geld nicht mehr als Mittel dient, sondern zum Zweck wird. Der Philosoph nennt das die Chrematistik, die Gelderwerbskunst, die er verachtet, weil es nicht mehr um den Tausch, sondern nur noch um die Akkumulation von Geld geht. »Denn das Geld ist des Umsatzes Anfang und Ende.«[108]

Allerdings begann sich im 13. Jahrhundert ausgerechnet bei den Franziskaner Spiritualen eine Unterscheidung durchzusetzen, die, ohne das Zinsverbot in Frage zu stellen, zwischen Geld und Kapital unterschied. Petrus Johannes Olivi erkannte: »Wenn Geld oder Eigentum in einem sicheren Geschäft seines Eigentümers angelegt wird für einen gewissen wahrscheinlichen Gewinn (*probabile lucrum*), so hat das Geld oder die Sache nicht bloß die einfache Kraft (*simplex ratio*) von Geld oder einer Sache. Sondern darüber hinaus eine gewisse *seminalis ratio lucrosi* (eine gewisse samenartige Kraft zur Profiterzeugung), eine Kraft, die wir gemeinhin *capitale* (Kapital) nennen; und daher (sc. wegen der *seminalis ratio*) muss dem Eigentümer nicht nur der einfache Wert der Sache (*simplex valor*) erstattet werden, sondern außerdem noch ein Mehrwert (*valor superadjunctus*).«[109] Die Differenzierung zwischen Geld und Kapital traf der Franziskaner unter den Eindrücken, die er in einer der frühen Handels- und Finanzzentralen des Mittelalters, in Florenz, empfing. In der Arnostadt erlebte das Bankwesen als Folge des prosperierenden Fernhandels einen ungeahnten Aufstieg.[110] Betrachtet man die Wirtschaftsgeschichte der Stadt im Mittelalter und in der Renaissance mit allen Spekulationen, Interventionen, politischen Auswirkungen und Staatsfinanzierungen, wird schnell deutlich, welche existenzielle Bedeutung die regelmäßigen Bankzusammenbrüche als Aderlässe eines sich überhebenden Finanzsektors für die freie Entwicklung der Wirtschaft besaßen. Spektakulär und lehrreich auch für die Gegenwart bleibt der Fall des mächtigen Bankhauses Bardi in Florenz. Die frühe Finanzgeschichte der Arnostadt belegt die Nützlichkeit von Bankenkrächen zur Regulierung der Finanzwirtschaft.

Von alldem will Martin Luther jedoch nichts wissen, weil er die Wirtschaft eben nicht vom Finanzsektor, sondern vom freien Unternehmer, vom Individuum her betrachtet. Ausgehend von der prinzipiellen Gleichheit der Christen sorgt er sich um den sozialen Ausgleich und fordert hellsichtig im Finanzsektor und im Handel eine Selbstbeschränkung. Wucher bedeutet für den Reformator, dass jemand mehr bekommt, als ihm zusteht, weil er die Mittel dazu hat. Es ist für ihn ganz und gar nicht einzusehen, weshalb jemand ohne Arbeit sein Vermögen vergrößern kann, was nur einzig und allein dem Zufall oder Umstand geschuldet ist, dass er viel Geld besitzt. Martin Luther lehnt den Wucher wie Aristoteles ab, weil er sich seinem Wesen nach nicht beschränken kann, sondern seine Existenzweise eben darin besteht, nach schrankenlosem Erwerb zu streben, ganz gleich, welche Verheerungen dadurch angerichtet werden. »Jene Menschen aber machen aus allen diesen Dingen einen Gelderwerb, als wäre das das Ziel, worauf alles bezogen werden müsste.«[111] Zur unendlichen Vermehrung des Kapitals produzieren sie schlechtes und unvernünftiges Leben. »Der Grund dieser Denkweise aber liegt darin, dass sie leben wollen und sich um ein gutes Leben nicht bekümmern. Und da nun dieses Verlangen keine Schranken hat, so verlangen sie auch nach unbeschränkten Mitteln, um es befriedigen zu können.«[112] Diese Verachtung der Selbstbeschränkung, diese Gier nach immer größerem Reichtum, die Asozialität übergroßer Vermögen per se, die nur nach ihrer Selbstvergrößerung streben und dabei vor nichts Halt machen, stürzt die Welt in ein immer größeres Elend. Amoralität und Rücksichtslosigkeit entsprechender Natur übergroßer Vermögen, weil sie sich um ein richtiges, moralisches, sprich »gutes Leben nicht bekümmern«.

Als hätten ihn die Befunde des griechischen Philosophen und des deutschen Reformators bewegt, zeigt der Ökonom Thomas Piketty minutiös auf, dass man mit der Kapitalrendite mehr Geld erwirtschaftet als mit produktiver Arbeit. »Wachsen Vermögen des obersten Dezils oder Perzentils der globalen Kapitalhierarchie strukturell schneller als die der unteren Dezile, so tendiert die Ungleichverteilung naturgemäß dazu, grenzenlos zuzunehmen. Im Rahmen der neuen Weltwirtschaft droht dieser Prozess der Verstärkung von Ungleichheit ein bislang unbekanntes Ausmaß anzunehmen.«[113] Der Franzose prognostiziert, dass bei einem Jahreszuwachs des Vermögens des obersten Tausendstels von 6 Prozent, während das Durchschnittsvermögen nur um 2 Prozent zulegt, diesem Tausendstel in 30 Jahren 60 Prozent des Weltvermögens gehören wird.[114] Zugleich gibt er zu bedenken, dass diese Entwicklung unter dem »gegenwärtigen politischen Establishment kaum vorstellbar ist« und es eines »besonders wirkungsvollen Unterdrückungs- oder Überzeugungsapparates« oder einer Mischung aus beidem bedürfe, um diesen gesellschaftlichen Wandel zu vollziehen. Es lässt sich jedoch keine Sicherheit entdecken, nicht einmal ein unanfechtbarer Grund dafür angeben, dass eben jenes »gegenwärtige(n) politische(n) Establishment« auch das künftige sein wird. Einflussreiche Kräfte streben eine grundlegende Veränderung, eine »neue Gesellschaft« an. Für diese Transformation hält man die Mittel des Zwangs für legitim, denn allerorten hört man, dass sich Deutschland verändern *müsse*, nicht aber, dass sich dieses Land verändern *wolle*. Der kleine, aber entscheidende Unterschied hat künftige (Verteilungs-)Kämpfe bereits eingepreist. Eine europäische Armee, die ihre Einsatzbefehle aus Brüssel erhielte, würde de facto in den Ländern und Regionen Europas wie eine Söldnertruppe agieren. Ich erinnere mich, wie in der Zeit der Wende Soldaten, Wehrpflichtige zu uns ins Theater kamen mit der bangen Frage, was sie denn tun sollten, wenn sie gegen das Volk eingesetzt würden. In der explosiven Situation im Herbst 1989 sorgten sie sich, dass die Regierung den jungen Soldaten befehlen würde, gegen ihre Eltern, Brüder, Schwestern und Freunde vorzugehen. Deshalb lautete im Herbst 1989 die entscheidende Frage, ob die russischen Panzer wieder wie 1953 rollen und den Widerstand unter ihren Ketten zermalmen würden. Diese Frage, wie man sich verhalten soll, wenn man gegen das eigene Volk zu kämpfen hat, stünde für eine Brüsseler (Söldner-)Armee nicht mehr. Das so alte wie großartige Konzept des Bürgers in Uniform scheint als Voraussetzung für diese Transformation bereits durch die Regierung Merkel-Westerwelle aufgegeben worden zu sein, als man unter allgemeinem Beifall mit der Wehrpflicht einen wichtigen Bestandteil der Demokratie aufgab. Der Römer Tacitus hatte sehr beeindruckend die Dekadenz Roms an der Aufhebung der Wehrpflicht festgemacht, denn indem der Bürger nicht mehr selbst für seine *res publica* in Reih und Glied treten musste, sondern seinen Sklaven schicken oder jemanden dafür bezahlen konnte, statt seiner Militärdienst zu leisten, schwand auch die Verantwortung des Bürgers für sein Gemeinwesen. Bürgerwille und Disziplin hatten Rom groß gemacht. Aus einer Armee, die aus Wehrpflichtigen besteht, ließe sich jedenfalls kein »wirkungsvoller Unterdrückungsapparat« bilden, mit der die Verarmung des größten Teils der Bevölkerung zugunsten großer Vermögen abzusichern gelänge.

Große Vermögen neigen bereits aus dem simplen Fakt ihrer Größe dazu, märchenhafte Gewinne zu erzielen und dabei sogar recht inflationssicher zu sein. Beträchtliches Kapital, das schnell umgeschichtet werden kann und das seltsamerweise von den europäischen Staaten und den USA besser geschützt wird als öffentliche Gelder und Fonds, gefährdet die Inflation weit weniger als kleine Vermögen, die naturgemäß weniger diversifiziert sind, die nicht von einem Heer hochbezahlter und erstklassiger Vermögensverwalter betreut werden und deren Besitzer die lukrativsten Anlagen zudem mangels Geld nicht offenstehen. Mario Draghis Bemühungen, die Inflation anzukurbeln, dienen dem Ziel, die Staatsschulden in Europa zu verringern auf Kosten der Mehrheit der Menschen in Europa unter Zuhilfenahme der von ihnen gezahlten Steuern. Man könnte den Eindruck bekommen, dass sich vor aller Augen ein doppelter Betrug vollzieht. Begünstigt werden allein das Großkapital und die Finanzindustrie. Thomas Piketty verdeutlicht das in einem Vergleich, in dem er darstellt, dass der innovative

Unternehmer Steve Jobs – beileibe kein armer Mann – gegen die Erbin Liliane Bettencourt allenfalls ein finanzielles Fliegengewicht darstellte, die ihr Vermögen nicht erarbeitet, sondern geerbt hatte und dank dessen sie durch die Kapitalrendite wesentlich besser verdiente als Steve Jobs mit unternehmerischer Arbeit, ohne auch nur das Geringste zu tun.

Genau genommen handelt es sich um eine doppelte Ungleichheit: Zum einen wachsen große Vermögen erheblich, zum anderen verdienen unproduktive Anleger weitaus besser als produktive Unternehmer. Die großen marktbeherrschenden Unternehmen kommen indes ohne Unternehmer aus, indem an ihre Stelle ein Management, eine Gruppe von Angestellten tritt. Es scheint sich allerorten im Politischen wie im Wirtschaftlichen eine Schicht von Angestellten herausgebildet zu haben, die den Investoren stärker als ihren Unternehmen verpflichtet sein könnten. Mehr noch, man könnte mit einer gewissen Übertreibung im hochbezahlten Spitzenmanagement die wirtschaftliche Prätorianergarde der exorbitant reichen Anleger sehen. In den Parlamenten sitzen immer mehr Abgeordnete, die ihr Mandat ihrer Partei verdanken, die direkt oder indirekt Parteiangestellte sind. In meinem Wahlkreis stellten sich zur Bundestagswahl 2013 eine Mitarbeiterin der Konrad-Adenauer-Stiftung, ein Mitarbeiter der Rosa-Luxemburg-Stiftung und eine Staatssekretärin eines Brandenburger Ministeriums. Das wirft zumindest die Frage auf, wem die Loyalität gehört, dem Bürger oder der Partei?

Die wachsenden Ungleichgewichte der Verteilung des Kapitals in der Gesellschaft, die mit einer Abwertung der Mittelschicht und der Entstehung einer kleinen Schicht von extrem Reichen einhergeht, die sich zudem immer stärker ihrer sozialen und nationalen Verantwortung entziehen, ihr Geld in Steueroasen verstecken und in 30 Jahren 60 Prozent des weltweiten BIP besitzen könnten, wird zu sozialen Unruhen führen. »Aller Wahrscheinlichkeit nach riefe eine solche Verarmung der Mittelschichten heftige politische Reaktionen hervor.«[115] Das stellt kein Geheimnis dar, sondern Europas Politiker sind sich dieser Tatsache bewusst, auch wenn sie nicht darüber sprechen. Solange es genügt, um diese Tatsachen zu verschleiern, Menschen auf dem Syntagma-Platz zu versammeln, die gegen Deutschland protestieren, und in Deutschland Heerscharen von »faulen Griechen« durch die Medien zu schicken, funktioniert das älteste aller politischen Spiele – *divide et impera* – prächtig.

Neben dem großen Einkommens- und Vermögensunterschied wird die Herrschaft der Finanzindustrie über die Realwirtschaft zu großen gesellschaftlichen Verwerfungen führen. Bereits der Begriff »Finanzprodukt« stellt einen Euphemismus dar. Kann ich ein Finanzprodukt anziehen, essen, trinken, damit fahren oder Briefe schreiben? Wer außer ein paar Anwälten und Mathematikern war an der Herstellung des »Produkts« beteiligt?

Historische Entwicklungen vollziehen sich mittelfristig selten so, wie es sich kleine Gruppen wenn auch sehr mächtiger Akteure vorstellen.

Mit dem Bankrott des letzten großen alternativen Systems, des Sozialismus, scheint sich die Vorstellung vom Ende der Geschichte festgesetzt zu haben, denn Geschichte wird als etwas begriffen, das immer nur den anderen widerfährt und die eigene Behaglichkeit nicht stören soll. Für Deutschland allerdings gilt im besonderen Maß die Vorstellung des Historikers Heinrich August Winkler, der in der deutschen Einheit die Vollendung des deutschen Wegs nach Westen erblickt. Hans Kundnani nennt in einem scharfsichtigen Apercu Winklers »langen Weg nach Westen« »die deutsche Entsprechung von Francis Fukuyamas Vorstellung vom ›Ende der Geschichte‹«.[116]

Der entfesselte Finanzkapitalismus frisst sich selbst, er produziert bereits jetzt eine Dauerkrise, denn die sogenannte Finanzkrise und mit ihr die Eurokrise sind nicht beendet, sondern nur verlagert, indem es erstmalig in der Geschichte gelang, die

Risiken zu sozialisieren. Ereigneten sich früher mit Notwendigkeit regelmäßig Bankenbankrotte, wie man es im Florenz des Hochmittelalters und der Renaissance studieren kann, gelang es der Finanzindustrie durch einen Husarenstreich, sich von jeglicher Verantwortung abzukoppeln, indem die Verluste der öffentlichen Hand zugeschoben wurden. Einiges spricht dafür, dass sich vor unseren Augen ein neues Wirtschafts- und Finanzsystem entwickelt, das die Bürger in eine Haftungsgesellschaft fremder und unkontrollierter Aktivitäten zwingt. Man kann die Krise auch als Symptom der Transformation betrachten, als Begleitmusik einer großen Gesellschaftsumwandlung, in der die Demokratie in eine Oligarchie übergeht. Das unscheinbare und technische Wort »Bankenrettungen« mag man daher auch als Synonym für die Enteignung des Steuerzahlers verstehen. Sieht man sich die Entwicklung der Deutschen Bank an, dann steht zu befürchten, dass in absehbarer Zeit der deutsche Steuerzahler gezwungen wird, als Retter einzuspringen.[117] Die Investmentbanker (»Anshus Army«), die Millionen Boni kassierten, ziehen weiter, um im nächsten Bankhaus oder Fonds Hasard zu spielen und lassen eine Firma in einer von ihnen verschuldeten Schieflage zurück. Die Zeche für ihre Gier zahlen die Kleinaktionäre, die kleineren und mittleren Angestellten – denn es muss nun gespart werden – und die deutschen Steuerzahler.

Sehr verkürzt gesagt, schließt sich ein *circulus vitiosus*: Staaten, die auch deshalb nicht mehr genügend Geld einnehmen, weil sie die großen Vermögen entweder gar nicht oder nicht genügend besteuern, um ihre Ausgaben zu bewältigen, verschulden sich bei Investoren, die eben jene großen Vermögen verwalten. Auf diese Weise wachsen diese unzureichend oder gar nicht versteuerten Vermögen dank Steuergeldern, versehen mit dem Luxus, dass die Investition abgesichert, also gefahrlos verläuft. Sie geben nichts und bekommen doppelt und dreifach –, und zwar vom Steuerzahler, dessen Lebensniveau sich kontinuierlich verschlechtert. Bisher korreliert das Wachstum des Reichtums weniger exponentiell mit dem Wachstum der Armut vieler. Als bedingende Folge einer solchen Transformation scheint das auf dem Individuum basierende Recht zunehmend ausgehebelt und in ein Recht der Oligarchen verwandelt zu werden. Wenn Geiz und Gier aber zu gesellschaftlichen Leitbildern aufsteigen, werden Staaten zu »großen Räuberbanden«.[118] Denkbar ist folgender, für die Superreichen extrem charmanter Mechanismus, nämlich die steigende Armut in der Dritten Welt, der sie zum Teil ihr Vermögen verdanken, abzumildern durch die schleichende Verarmung der Menschen in der westlichen Welt, mit einem Wort durch die Bangladeschisierung Deutschlands, Frankreichs, Italiens usw.

Martin Luther empfiehlt daher eine Selbstbeschränkung, die er am Kaufmann exemplifiziert: »Nun ist's aber billig und recht, dass ein Kaufmann an seiner Ware so viel gewinne, dass seine Kosten bezahlet, seine Mühe und Gefahr belohnet werde.«[119] Aber eben nicht mehr. Denn »Christen sind Brüder, und einer verlässt den anderen nicht; ebenso ist auch keiner so faul und unverschämt, dass er sich ohne Mühe auf des anderen Gut und Mühe verlasse und mit Müßiggang von eines anderen Habe zehren wolle«[120]. Allerdings weiß der Realist Martin Luther um die Utopie seines Ratschlages, denn da »gehört auch ein rechter Christ zu, das seltsamste Tier auf Erden, Welt und Natur achten sein nicht«[121]. Luthers Vorschlag der Selbstbeschränkung scheitert bereits daran, dass zur Umsetzung wirkliche Christen vonnöten wären, die aber höchst selten anzutreffen sind. Stattdessen haben »die Kaufleute unter sich eine allgemeine Regel, das ist ihr Hauptspruch und Grund aller Wucherkniffe, dass sie sagen: Ich mag meine Ware so teuer geben wie ich kann«[122]. Der Reformator schlussfolgert, dass durch die Gier das Unrecht in die Welt kommt und der »Kaufhandel nichts anderes sein« könne »als den andern ihr Gut (zu) rauben und (zu) stehlen«[123]. Den Marktmechanismus von Angebot und Nachfrage betrachtet Luther als Raub, denn der Händler nutzt die Not desjenigen, der diese Ware unbedingt braucht. Er sieht daher »schlechtweg auf die Not und das Darben seines Nächsten, nicht um derselben abzuhelfen, sondern um dieselbe zu seinem Gewinn zu brauchen«[124]. »Denn weil er seine Not halber die Ware um so teurer abnehmen muss, ist's ebensoviel, wie dass er seine Not bezahlen muss.«[125] Karl Marx sprach von den Bedürfnissen, die teils vorhanden, teils aber im weit höherem Maß erzeugt werden, und ahnte hierbei noch nicht einmal in Ansätzen etwas von der Macht der Werbeindustrie und der Marketingabteilungen, von dem sozialen Zwang, der von ihnen ausgeht, den man auch Nötigung nennen kann. Um es nur an einem von vielen Beispielen zu verdeutlichen: Selbst wenn Eltern »WhatsApp« ablehnen, und sich weder selbst noch ihre Kinder dort »registrieren« lassen wollen, werden sie dazu gezwungen, wollen sie ihre Kinder nicht sozial isolieren, von der Kommunikation mit ihren Freunden ausschließen. Gesellschaftliche Teilhabe wird so zum Mittel sozialer Erpressung und Nötigung. Der Einwand, dass man schlecht zu archaischeren Formen der Kommunikation wie Rauchzeichen zurückkehren kann, übersieht, dass nicht die Möglichkeiten sozialer Medien in der Kritik stehen, sondern ihre Monopolisierung. Dass Zuckerberg »WhatsApp« kaufte, illustriert das Problem der Zentralisation und Monopolisierung.

In einer globalisierten Welt zu leben, führt aber nicht zwangsläufig zu Zentralisierung und Monopolisierung, sondern es lässt sich sehr wohl alternativ ein Modell der Regionalisierung im globalen Zusammenhang realisieren, das dezentral und diversifiziert funktioniert, so wie ein einiges Europa nicht unbedingt und alternativlos die Form eines supranationalen Zentralstaates annehmen muss, wie es gegenwärtig betrieben wird. Vielleicht sollte man besser zwischen der EU und Europa unterscheiden. Die Lösung lautet: Globalisierung als Summe von Regionalisierungen.

Man kann diejenigen, die lieber systemimmanent denken, verstehen, denn den Auswüchsen der Entwicklung zu begegnen, bereitet immense intellektuelle Probleme und Gegenvorschläge muten utopisch an, müssen mit ihren eigenen schwachen Realisierungsmöglichkeiten kämpfen. Luthers Selbstbeschränkung benötigt wahre Christen, etwas, das selbst er in seiner Zeit äußerst selten fand. Der US-amerikanische Anthropologe David Graeber, der sich mit der gesellschaftlichen Wirkung von Schulden befasste und dabei einen sehr produktiven historischen Ansatz wählte, empfahl, eine Institution des Alten Testaments wieder aufleben zu lassen: das Ablassjahr, ein Jahr in dem alle Schulden erlassen werden. Dass dieser Vorschlag auf keine Zustimmung stieß, kann man sich leicht vorstellen. Für David Graeber stellt nicht ohne Berechtigung Geld die Inkarnation der Verschuldung dar. Auch Thomas Pikettys Vorschlag entbehrt der Utopie nicht, obwohl sie, systemimmanent gedacht, die eleganteste und effektivste Idee bietet, nur besteht ihre Aussichtslosigkeit gerade in ihrer Systemimmanenz. Verkürzt gesagt: Entschiede sich das System, Pikettys Vorschlag anzunehmen und umzusetzen, wäre es schon nicht mehr das System. Konkret: Der Franzose möchte eine weltweite, progressive Kapitalsteuer einführen, um erstens den Austausch von Bankdaten zwischen allen Ländern und Banken zu implementieren. »Transparente« Staaten wie Russland oder vor allem China wären sicher die ersten, die eine Transparenz der Finanzströme und der Vermögenssituation in ihrem Land begrüßen würden, gar nicht zu reden von Steueroasen, von Finanzplätzen wie der Wall Street oder der Londoner City. Diskretion oder Intransparenz ist so sehr Teil des Geschäftes, dass Transparenz die Geschäfte erheblich stören würde. Zweitens hofft Piketty, dadurch Kapitalflucht einzudämmen, was bereits daran scheitert, dass zu viele zu gut an eben jener Kapitalflucht verdienen. Drittens würde nach Piketty diese progressive Kapitalsteuer einen wesentlichen Beitrag zur Finanzierung des

Sozialstaates leisten und dem ungleichen Wachstum der Vermögenswerte entgegenwirken. Der Nutzen dieser Steuer springt sofort ins Auge: Große Vermögen würden ihren Beitrag zur Finanzierung des Sozialstaates, zu sozialem Frieden und letztlich zur gesellschaftlichen Entwicklung leisten. Wozu sollten sie das aber wollen? Die Inhaber sind, anders als die Mittelschicht, nicht davon abhängig, dass Staaten wie Deutschland oder Frankreich funktionieren. Sie können sich getrost auf eine karibische Insel zurückziehen und unter ihresgleichen leben. Sicher ließe sich argumentieren, dass auch sie langfristig nichts von einer scheiternden Welt hätten. In einem allzu schnell verfliegenden Leben wirkt langfristiges Denken schnell lächerlich. Pikettys Vorschlag einer weltweiten progressiven Kapitalsteuer würde nur in einer Welt der Verantwortung und nicht des puren Gewinnstrebens angenommen. Bei Licht besehen, ähnelt diese Idee dem Vorschlag Luthers zur Selbstbeschränkung in Form einer von allen akzeptierten beschränkenden Abgabe. Der französische Ökonom hegt keine Illusionen, deshalb knüpft er seine Hoffnung daran, diese Steuer zunächst europaweit einzuführen. Damit allerdings würde er das Gegenteil von dem erreichen, was er wünscht: Er würde Europa rasant destabilisieren. Eine nur in Europa eingeführte progressive Kapitalstreuer würde geradezu das Kapital aus Europa treiben und den europäischen Steuerzahler vollständig zum »dummen August« machen. Der systemimmanent und systemtheoretisch richtig gedachte Vorschlag einer weltweiten, progressiven Kapitalsteuer scheitert am System, wie jeder systemimmanente Vorschlag zum Scheitern verurteilt zu sein scheint, woraus sich mit Notwendigkeit ergibt, dass alternativ gedacht werden muss.

Alternativ zu denken bedeutet eben nicht, wie es die Wirtschaftswissenschaften unternehmen und wie es Thomas Piketty zu Recht kritisiert, in einer merkwürdigen Mischung aus Vorannahmen, Glaubensbekenntnissen und mathematischen

Modellen eine Art höheres Voodoo zu betreiben, nicht vom Kapital, vom Freihandel, von der Liberalisierung, von der Wertschöpfung, also letztlich von internen Parameter auszugehen, sondern von externen, vom Menschen, der Subjekt und zugleich Objekt der Wirtschaft ist. Vom Menschen, vom menschlichen Handeln geht alles aus, auch wenn er es vorzieht, an den Hochfrequenzbörsen mit Computeralgorithmen russisches Roulette zu spielen. Es ist der Mensch, der Maschinen programmiert, die freilich ihn wieder »programmieren«. So ist er es, der dieses Spiel betreibt. Man bekommt schnell den deprimierenden Eindruck, dass die wirtschaftliche Entwicklung ein riesiger Mechanismus auf Autopilot ist. Aber auch dieser Mechanismus funktioniert genauso wenig wie jeder andere als Perpetuum mobile. Ihn treibt beständig etwas an, und was ihn treibt, ist ein alter Bekannter der Menschheit: die Gier.

Martin Luther ging vom Menschen aus und kam, kann man spottend einwenden, nicht sehr weit. Wie hellsichtig er in seinem Brief vom 14. März 1542 seinen Landesherrn Graf Albrecht von Mansfeld davor warnt, seine Untertanen und den Bergbau als Quelle des Reichtums der Grafschaft zu ruinieren, ist auch heute noch beeindruckend. Der Reformator empfiehlt: » … Strafe gelegt auf den Überfluss, davon würde die Herrschaft reicher, und die Untertanen auch fetter, wie zu Nürnberg und anderswo geschieht. Aber hier ist ein zorniger Teufel, der es dahin bringen will, dass weder Herr noch Untertan etwas haben soll. Es sagen ja die Bücher: Es sei besser, reiche Untertanen zu haben, als selbst reich zu sein. Denn selbst reich sein ist bald vertan, reiche Untertanen können allzeit helfen.«[126] Dieses Menetekel schrieb der Reformator auch der evangelischen Pfarrerstochter an der Spitze der Bundesrepublik, die Steuergelder in nie gekanntem Ausmaß in der Welt verteilt, an die Wand.

Doch angesichts des Geizes der Menschen resignierte selbst er, »weil das Unwesen soweit eingerissen ist und in allen Dingen in allen Landen überhandgenommen hat«[127]. Der vielleicht folgenreichste Werbeslogan lautet: Geiz ist geil. Hat er inzwischen auch ausgedient, so doch längst nicht ausgewirkt. Diese Maxime treibt die Sonderangebotsschlachten, den Preiskrieg der Discounter auf Kosten der Produzenten, führt zu unendlichem Leid, zu Kinderarbeit, unwürdigen Arbeitsbedingungen, vor allem in Asien und Afrika, zur Massentierhaltung und zu Genfood. Wenn nichts mehr etwas kosten darf, wird das Einkommen der Produzenten unter das Existenzminimum gedrückt. Billige Produkte bedeuten: regelmäßige Lebensmittelskandale, inakzeptable Tierhaltung und die Verlagerung von Arbeitsplätzen in Schwellenländer. Die Sozialtransfers, die wir für Menschen, die deshalb keine Anstellung mehr finden, über die Steuer entrichten, müssten auf die Tiefstpreise aufgeschlagen werden, um den wahren Preis zu erfahren, den wir bezahlen. Die Jobs werden in Länder exportiert, in denen grundlegende Arbeitsschutznormen nicht gelten und Kinderarbeit alltäglich ist. Ist es also »geil«, dass sechsjährige Kinder unsere T-Shirts nähen, weil wir geizig sind? Anstatt gerechte Preise zu bezahlen, kaufen wir uns alle Jahre wieder zu Weihnachten dadurch los, dass wir spenden, wie man früher Ablässe erwarb. Wir sponsern einem Kind die Schulbildung, fühlen uns dabei noch großzügig, sparen aber weit mehr Geld, indem wir in Kauf nehmen, dass Kinder ausgebeutet werden und niemals eine Schule von innen sehen. Deutschland ist Weltmeister im Spenden und Geizen zugleich. Das Spenden empfindet man als Ablass für die Sünde des Geizes. Geiz macht die Wall Street und die Londoner City reicher und die Bürger ärmer. Geiz schädigt den Geizigen. Im *Inferno* des Dichters Dante Alighieri büßen Geizige und Verschwender in derselben Hölle, weil sie sich im Leben über das Geld definierten. Dieser Höllenkreis unterscheidet sich von allen anderen dadurch, dass die Sünder nicht identifiziert werden können, weil Habgier ihre Gesichtszüge auslöschte. Geiz und Gier stammen im Deutschen übrigens aus einem Wortstamm, dem althochdeutschen **git*: Geiz bezeichnet die Gier, möglichst alles umsonst zu bekommen. Der grundsätzliche Kulturwandel, den dieser Slogan verdeutlichte, bestand darin, dass zum ersten Mal in der Geschichte der Menschheit Geiz nicht mehr als Sünde galt, sondern als Tugend gepriesen wurde. Der stets öffentlich verachtete Geiz stieg sogar zum Superstar der Tugenden auf. Wer das nicht einsehen wollte, machte sich verdächtig, ein Reaktionär, mindestens aber ein Dinosaurier zu sein, einer, um den es einsam wird, der den Anschluss an die schöne neue Welt verloren hat und im Begriff steht, auszusterben.

Dass Luthers Wirtschaftsschrift beim Menschen ansetzt, mag für Ökonomen ein Gräuel sein, hilft aber dennoch als Kompass im Dschungel wirtschaftlicher Glaubensbekenntnisse, die zur Ökonomie gehören wie die Luft zum Atmen. Die unterschiedlichen ökonomischen Schulen in Geschichte und Gegenwart – ob Merkantilisten oder Physiokraten oder Keynesianer oder Marktliberale, Monetaristen, Neoklassiker –, alle gehen von einer nicht wissenschaftlich zu begründenden Grundannahme aus. Wenn man mit Luther vom freien Menschen aus denkt, dann lautet der Basissatz: Der Mensch ist nicht für die Wirtschaft da, sondern die Wirtschaft für den Menschen. Man lasse sich nicht durch die Schlichtheit dieses Satzes davon abhalten, ihn ernst zu nehmen, denn er führt zu weitreichenden Schlussfolgerungen. Drängender als je zuvor wird es gerade in den Zeiten der Globalisierung und des Aufstiegs der Finanzwirtschaft zur weltbeherrschenden Kraft, von diesem Postulat auszugehen. Geld hat keine Heimat, Menschen schon. Seien wir kühn, setzen wir Luthers freien Christenmenschen ins Zentrum und denken wir vom Menschen aus.

Wie Karl Marx versucht auch Thomas Piketty die großen Probleme der Welt über die Ökonomie zu lösen. Er wirft die Frage auf: »Lässt sich für das 21. Jahrhundert eine Überwindung des Kapitalismus denken, die weniger gewaltsam und zugleich nachhaltiger wäre – oder muss man auf die nächsten, diesmal wahrhaft globalen Weltkrisen oder Weltkriege warten?«[128] Die Wirklichkeit hat den Ökonomen überholt, weil wir uns mitten in »wahrhaft globalen Weltkrisen oder Weltkriege(n)« befinden. Die Ökonomie wird keine Frage primär lösen, weil es zuallererst darum geht, wie wir leben wollen, wie unser Selbstverständnis ist, aber sie wird sekundär sehr viele wichtige Antworten geben, wenn man bereit ist, die richtigen Fragen an sie zu richten.

Die Deutschen befinden sich wie die Europäer insgesamt in einem großen Umbruch ihrer Lebensweise. Sie machen derzeit die Erfahrung, dass immer weniger von dem gilt, was gestern noch selbstverständlich war. Wesentliche Triebkräfte unserer wissenschaftlichen und wirtschaftlichen Erfolge wie die Demokratie und das Recht auf Individualität werden in ein Schattendasein getrieben. Nicht umsonst spricht Hans Magnus Enzensberger von »postdemokratischen Zuständen«.[129] Die Veränderungen, die bereits im Gange sind, und die, die in naher Zukunft einsetzen, spüren die Bürger immer deutlicher. Und wie immer in den großen historischen Paradigmenwechseln, nimmt der Einzelne die Veränderung zwar wahr, versucht sie aber zu verdrängen. Das Unbehagen bleibt und es wächst, denn die Ursachen dafür sind nicht eingebildet, sondern höchst real. Es ist eben nicht das Unbehagen an der Kultur, sondern das Gefühl eines Verlustes von Kultur, die Wahrnehmung eines erodierenden Mittelstandes, der allerdings staats- und demokratietragend ist. Augustinus drückt es präzise aus, wenn er schreibt, dass Staaten, denen das Recht fehlt, großen Räuberbanden gleichen. Gleichzeitig bildet das Recht die Grundlage der Demokratie. Wo das Recht gebeugt wird, wird die Demokratie ausgehöhlt. In Anbetracht der Rechtsbeugungen, angefangen von rückwirkenden Gesetzesänderungen im großen Stil über den Bruch der No-Bailout-Klausel und die Übertragung nationalen Haushaltsrechts an einen demokratisch nicht legitimierten Gouverneursrat des ESM,[130] wird Recht durch Macht ersetzt und das Parlament als Vertretung des Souveräns ausgehebelt. Man könnte auch pointiert sagen, Recht ist zunehmend, was die Wall Street, die Londoner City und die Deutsche Bank wollen und ihre Juristen dem Parlament vorschreiben, wie sie es im ESM-Vertrag so deutlich vor aller Augen führten. Die deutschen Parlamentarier mussten in wenigen Tagen über diesen Vertrag beraten, den in »Amtshilfe« hochspezialisierte Anwälte der Banken in Englisch ausgefertigt hatten. Viele Abgeordnete dürften sowohl finanzpolitisch als auch schlicht sprachlich überfordert gewesen sein. Glaubt man dem Präsidenten der Europäischen Kommission, dann hat diese Methode System, denn es scheint weder erforderlich noch wünschenswert zu sein, dass die Abgeordneten der nationalen Parlamente auch verstehen, worüber sie abstimmen. Der ESM-Vertrag stellt meines Erachtens einen finanzpolitischen Staatsstreich dar, weil er den Souverän entmachtet. Das gewählte Parlament entscheidet eben nicht mehr allein über das nationale Budget, was das Königsrecht der Parlamente ist. Seine Verletzung lösten in der Vergangenheit Revolutionen aus. Es spricht ganz und gar nicht für die EU, dass der Bürger nur sehr unzureichend über die weitreichenden Folgen von Institutionen wie den EMS informiert wird. Dabei zahlten die Bürger Europas zwischen 2008 und 2011 die unvorstellbare Summe von 1,5 Billionen Euro zur Stabilisierung der Banken. Der Versicherungsgigant AIG, die Banken Morgan Stanley und Goldman Sachs, die in der Krise in den Abgrund schauten, stehen heute finanziell besser denn je da. Den Abbau der Demokratie und die Übernahme der Herrschaft durch den medial-finanzwirtschaftlich-politischen Komplex förderten die damaligen Finanzminister von NRW und Bayern, indem sie vorschlugen, die Gesetze zu ändern, die der »Liberalisierung des Finanzmarktes« entgegenstanden. Die rot-grüne Bundesregierung peitschte wenig später gegen erhebliche und vor allem berechtigte Widerstände die Aufnahme Griechenlands in den Euroraum durch. Von dem damaligen Goldman-Sachs-Manager Mario Draghi wurden die Griechen mit ihrem Zahlenwerk scheinbar so beraten, dass der Beitritt durchsetzbar wurde. Für die Wall Street war der Beitritt Griechenlands zum Euroraum das trojanische Pferd, um an europäisches Steuergeld zu kommen. Inzwischen hat sich das System perfektioniert, wie an einem von vielen Beispielen deutlich wird: Der Hedgefond »Third Point«[131] kaufte griechische Staatsanleihen, nachdem die Ratingagenturen sie auf Ramschniveau herabgestuft hatten. Der Fond hatte 17 Cent das Stück gezahlt und dann gewartet, bis die EU Griechenland die Mittel vorschossen, um die Staatsanleihen unter anderem von »Third Point« zurückzukaufen, und zwar für sage und schreibe 34 Cent das Stück. Das bescherte »Third Point« einen satten Gewinn von 500 Millionen Euro. Von den 500 Millionen haben die deutschen Steuerzahler via Athen allein dem US-amerikanischen Hedgefond einen hohen Millionenbetrag überwiesen. Eine Spekulation kann man das nicht nennen, denn diesem Geschäft fehlte jedes Risiko. »Third Point« und die Ratingagenturen sitzen an der Wall Street nur einen Steinwurf voneinander entfernt. Man gewinnt den Eindruck, als spielten sie sich gegenseitig in die Hände und lachten sich über die *stupid Europeans* ins Fäustchen. Hedgefonds wie »Third Point« wurden von Bankern gegründet, die zuvor für die amerikanischen Banken tätig waren, für die sowohl der frühere US-Finanzminister Paulson als auch der heutige Präsident der EZB, Mario Draghi, arbeiteten. Man kennt sich. Die EZB gibt die Akten nicht heraus, die Mario Draghis Rolle bei der Aufnahme von Griechenland in den Euroraum dokumentieren. Ein Schelm, wer Arges denkt. Das Schuldenrückkaufprogramm der EZB also ein Geschäft unter früheren Kollegen? Ein Fall von Insiderhandel? Zum ersten Mal in der Geschichte können Banken und Fonds ohne eigenes Risiko zocken. In den Führungsetagen der Finanzwirtschaft können sie gar nicht fassen, wie weit ihnen die Politiker entgegenkommen, welche Gewinnspannen sie ihnen eröffnen. Die Risiken trägt allein der Steuerzahler. Das hat es noch nie gegeben, dass eine Bank nicht fallieren kann, weil die Allgemeinheit für das Missmanagement einspringt. Das ist die Lizenz zur hemmungslosen Bereicherung durch die Enteignung der Bürger der Staaten. Die Gefahr für die Demokratie in Deutschland besteht darin, dass mit Ausnahme der Linken alle im Deutschen Bundestag vertretenen Parteien das Projekt eines oligarchisch agierenden europäischen Zentralstaates als europäisches Projekt ausgeben und vorantreiben. Die deutschen Eliten sind gefangen in Heinrich August Winklers Vorstellung von Deutschlands langem Weg nach Westen. Diese Vorstellung wird als alternativlos propagiert und jede kritische Nachfrage als antieuropäisch denunziert. Bereits der Umgang mit alternativen Konzepten zeigt, wie undemokratisch dieses »Projekt Europa« ist, wenn man, besessen von der Idee eines europäischen Zentralstaates als Herrschaft von kleinen Eliten, jede andere europäische Idee, jede Skepsis ausgrenzt oder als Nationalismus diskreditiert. Dabei lebt die Demokratie gerade vom Meinungsstreit, anscheinend aber nicht auf dem Gebiet der Europapolitik. Ist demnach die politische Entmündigung der Bürger unvermeidlich, und ist ihre ökonomische Enteignung die notwendige Folge? Besteht nicht in politischer Entmündigung und ökonomischer Enteignung ein innerer Zusammenhang? Gibt es Alternativen? Wird, um den Bürger ökonomisch zu enteignen, der Bürger zuvor politisch entmündigt? Das Steuergeld der deutschen Krankenschwester finanziert nicht die griechische Krankenschwester, sondern die Wall Street und die Londoner City. Darauf hat die deutsche Krankenschwester keinen politischen Einfluss. Sie ist demokratisch entmündigt. Die darüber zu entscheiden haben, sind viel zu weit von ihr entfernt. Die Bundesregierung hat versprochen, dass die massenhafte Zuwanderung nicht mit Steuererhöhungen finanziert werden soll, aber wenn Brüssel auf Vorschlag des deutschen Finanzministers eine Zusatzsteuer auf das Benzin legen sollte, könne sie leider nichts dafür. Man kann es politische Hütchenspielerei nennen: Brüssel exekutiert, was die nationalen Regierungen nicht verantworten wollen. Das ferne Brüssel bietet zudem die Möglichkeit der Entkoppelung von Bürger und Regierung. Europapolitiker begegnen in Brüssel weit häufiger Lobbyisten als dem normalen europäischen Bürger. Die Repräsentanten scheinen den Kontakt zu denjenigen verloren zu haben, die sie repräsentieren. Wen also repräsentieren sie stattdessen? Oder repräsentieren sie niemanden mehr, sondern werden zum Fähnlein im Wind des Brüsseler Lobbyismus?

Die Wahl Angela Merkels im Jahr 2013 kann auch anders interpretiert werden, nämlich, dass große Teile der deutschen Bevölkerung verunsichert sind und wissen, ahnen oder fühlen, dass Krisen und Wirren auf Deutschland zukommen und sie sich deshalb an die Hoffnung klammern, die Frau, die Deutschland so scheinbar sicher durch die Krise lotste, wird sie auch künftig sicher durch die Klippen, Riffe und andere Gefahren steuern. Diese Hoffnung zerfällt zusehends durch das unverständliche Agieren der Kanzlerin in Bezug auf die Flüchtlingsfrage. Was die baldigen Krisen und künftigen Wirren auslösen wird, ist jetzt bereits präzise zu bestimmen, sogar der Zeitpunkt lässt sich eingrenzen. Zu größeren sozialen Verwerfungen wird es in Deutschland kommen, wenn die ersten großen Rechnungen für die Eurorettung und der Flüchtlingskrise auf den nationalen Haushalt durchschlagen.

Vor der Flüchtlingskrise verschwimmt das größere Problem, das im Zusammenhang mit der europäischen Einigung und dem Euro steht: Vor der Einführung der europäischen Einheitswährung wurde niemals in der Geschichte versucht, eine Währung ohne Staat, eine staatenlose Währung zu schaffen. Paul Krugman und Josef Stieglitz und andere amerikanische Wirtschaftswissenschaftler übersehen in ihrer Kritik an Deutschland in der Eurokrise genau diesen entscheidenden Punkt, indem sie gewohnheitsmäßig davon ausgehen, dass der Euro sich verhält wie der Dollar und dabei übersehen, dass die Europäische Union kein souveräner Staat wie die USA, sondern ein Staatenbündnis ist. Der Euro, der als Friedensprojekt propagiert wurde, hat sich zum Zankapfel, zum Quell von Querelen und Hader entwickelt und musste dies auch aus zwei Gründen: Erstens hatte man ihn eben nicht in erster Linie als Projekt einer europäischen Einigung konzipiert, denn dann hätte auch Frankreich, das gern von Europa spricht, wenn es französische Interessen meint, wesentlich größere Rechte von Paris an Brüssel übertragen müssen, was es allerdings nicht wollte. Ursprünglich konzipierte man das Projekt der gemeinsamen Währung nicht als Integrationsprojekt, sondern als Werkzeug der Einhegung Deutschlands, vor allem von Deutschlands Wirtschaftmacht. Im September 1989 sagte François Mitterand zu Margaret Thatcher: »Ohne eine gemeinsame Währung sind wir alle – Sie und ich – dem Willen der Deutschen unterworfen.«[132] Hans Kundnani schildert in seinem Buch über das Paradox der deutschen Stärke, dass der Euro Mitterands Bedingung für die deutsche Wiedervereinigung gewesen sei.[133] Die Vorstellung einer europäischen Währung resultiert demnach aus einer Furcht, verbunden mit dem Bedürfnis einer Einhegung, einer Ausübung von Zwang. Zweitens wird der Euro mythisch überhöht. Es sei dahingestellt, inwieweit die einfache Wahrheit bei Einführung des Euros allen bewusst war, inwieweit man sich tatsächlich geirrt hatte, doch man täuscht inzwischen die Bürger, wenn man ihnen vorgaukelt, der Euro würde ohne die Vergemeinschaftung der Schulden im Euroraum funktionieren. Es ist die simple Logik der Gemeinschaftswährung, dass sie die Vergemeinschaftung der Staatsschulden nach sich zieht. Man könnte sich also die vielen Brüsseler Nachtgipfel, die medial inzwischen als die Gladiatorenkämpfe der Postmoderne daherkommen, sparen, wenn man den Menschen die

Wahrheit sagen würde und nicht alles unternähme, um eine Illusion aufrechtzuerhalten. Da eine Gemeinschaftswährung ohne eine staatliche Gemeinschaft auf die Dauer nicht funktionieren wird, erzwingt man über die Kraft des ökonomisch Faktischen eine staatliche Vereinigung, die mit der Vergemeinschaftung der Schulden beginnt, sich über die Vergemeinschaftung der Bankenhaftung, der Sozialkassen ausbreitet, um am Ende einen von Brüssel beherrschten Wirtschafts- und Sozialraum zu konstituieren, den man nicht Staat nennen muss, der aber so funktionieren wird. Mit dem Euro wurde der Weg zu den Vereinten Staaten von Europa beschritten. Diesen Plan dokumentieren auch die Notenbank-Präsidenten von Deutschland und Frankreich, Jens Weidmann und François Villeroy de Galhau, in einem Gastbeitrag für die *Süddeutsche Zeitung*. Europa stehe angesichts der hohen Defizite und der ökonomischen Ungleichgewichte an einem Scheideweg. Sie schlagen daher »die Schaffung eines gemeinsamen Finanzministeriums für den Euro-Raum« vor, was bedeuten würde, »in erheblichem Maße Souveränität und Befugnisse auf die europäische Ebene« zu übertragen. Ohne, dass der Bürger gefragt wird, befindet er sich im Brüsseler Zentralstaat. Natürlich verweisen die Banker auch auf die ungeliebte Alternative: »Sollten die Regierungen und Parlamente im Euro-Raum jedoch vor der politischen Dimension einer umfassenden Union zurückschrecken, dann bliebe nur noch ein gangbarer Weg übrig – ein dezentraler Ansatz auf der Grundlage von Eigenverantwortung mit strengeren Regeln.«[134] Regionalität, Eigenverantwortung sind bei näherem Hinsehen die besseren Alternativen. Das Ziel ist jedoch ein anderes, und es wird seit Jahren geschickt zum Schaden der deutschen Bürger verfolgt. Über die Target-Salden, das Anfa-Abkommen, das den Regierungen erlaubt, unabgesprochen und geheim Geld zu drucken – wovon die Franzosen und die Italiener in der Zeit, in der Mario Draghi Chef der italienischen Zentralbank war, reichlich Gebrauch machten, um auf europäische

Kosten ihren Staat zu finanzieren,, indem sie mit dem »im Keller« gedruckten Geld ihre Staatsanleihen kauften –, und durch den ESM werden die europäischen Staatsschulden längst an den Augen der Öffentlichkeit vorbei vergemeinschaftet. Ein Verschwörungstheoretiker könnte auf den Gedanken kommen, die Bundesregierung habe deshalb die Grenzen geöffnet, um den viel tiefer gehenden und fundamentalen Wandel der Aufmerksamkeit der Öffentlichkeit zu entziehen – er wäre jedoch nicht nur ein Verschwörungstheoretiker, sondern obendrein noch ein Zyniker.

Gegen eine vertiefte europäische Einigung mit dem Ziel eines europäischen Zentralstaates ist nichts zu sagen, nur dagegen, dass sie auf leisen Sohlen erfolgt. Man hätte den Völkern Europas diese Frage stellen müssen! Man erweist der europäischen Einigung, wenn man sie nicht demokratisch legitimiert, sondern sie auf bürokratischer Ebene vollzieht und dabei den Souverän dieser Veranstaltung aussperrt, einen Bärendienst. Sie wirkt dann als ein Projekt der politischen und finanzwirtschaftlichen Eliten, in der die europäischen Bürger nicht einbezogen werden. So etwas nannte man im alten Griechenland Oligarchie.

Als Deutschland im Mittelalter zum Finanzier der römischen Kurie wurde, Ablasshändler das Land überzogen und finanziell aussaugten, da wurde der Protest in der deutschen Provinz laut – zumal die Deutschen ein starkes regionales Bewusstsein besaßen –, ein Protest, in dem sich schließlich die Region gegen die Zentrale in der Reformation erhob. Und dieser Protest begann aus wirtschaftlichen Gründen, die sich in der Ablassfrage mit einem grundsätzlichen Unbehagen gegenüber dem Sinn bestimmter gesellschaftlicher Verhältnisse und sie glorifizierender Vorstellungen verbanden.

Kapitel 11

Die falsche Frage

Als der frühere Bundespräsident Christian Wulff nach einem Thema für seine Präsidentschaft suchte und er vor allem auf Modernität und Weltoffenheit setzte, fiel seine Wahl auf die Integration. Doch nicht die integrative Kraft der Aufklärung, nicht Lessings *Ringparabel* schwebte ihm vor, auch nicht Stuart Mills Essay *On Liberty*, nichts, was aus seiner Sicht nach Langeweile roch und für eine *BILD-Zeitung* nichts Sensationelles bot. Christian Wulffs Botschaft sollte der neue Wulff sein. Sie sollte der Öffentlichkeit einen jungen Bundespräsidenten präsentieren, der frischen Wind in das ehrwürdige Gemäuer von Bellevue brachte und hemdsärmelig seine Zukunftszugewandtheit unter Beweis stellte. So postulierte er: »Der Islam gehört zu Deutschland.« Konkreter wurde er allerdings nicht und unterließ es, dem staunenden Publikum zu erklären, in welcher Hinsicht oder in welchem Sinn der Islam zu Deutschland gehöre. So blieb die Bemerkung, die Aufsehen erregte, eine Phrase.

Vor dem Hintergrund zunehmender Spannungen in der deutschen Gesellschaft wiederholte die Bundeskanzlerin den Satz, ohne ihrerseits eine Erklärung nachzureichen. Der Satz blieb in seiner Wiederholung, was er schon bei Wulff war: eine Phrase. Meinten die beiden Politiker, dass es in Deutschland immer mehr Bürger gibt, die muslimischen Glaubens sind, oder vermuteten sie, dass die historischen Grundlagen unserer Gesellschaft muslimischer oder muslimisch-christlicher Natur seien? Zweiteres wäre jedoch schlicht falsch, denn die Grundlage unserer Kultur ist christlich-jüdisch. Da man Geschichte nicht verändern kann, wird es dabei bleiben, zumindest solange die Bundesrepublik Deutschland existiert. Zum ersten Mal eröffnet sich allerdings die Perspektive, dass die Bundesrepublik Deutschland nicht mehr existieren könnte, dass sie zu einem – wie das die Philatelisten nennen – abgeschlossenen Sammelgebiet wird wie ein Vierteljahrhundert zuvor die DDR.

In Basel wurde die Bundeskanzlerin von einer Bürgerin gefragt: »Wie wollen Sie Europa und unsere Kultur vor der Islamisierung schützen?«[135] Statt zu antworten, entgegnete sie, dass die Frage falsch gestellt sei und empfahl, sich zu ihrem Glauben zu bekennen: »Haben wir doch den Mut zu sagen, dass wir Christen sind.«[136] Die Aussage der Bundeskanzlerin ist eindeutig: Erstens gehört der Islam zu Deutschland und zweitens gehört hierzulande Mut dazu, sich zum Christentum zu bekennen, denn wozu sollte man Mut haben, wenn man ihn nicht braucht? Wozu Mut gehört, ist keine Selbstverständlichkeit. Wenn der Islam selbstverständlich, also ohne dass man zu seinem Bekenntnis Mut benötigt, zu Deutschland gehört, stellt sich schon aufgrund dieser Differenz die Frage: Gehört das Christentum noch zu Deutschland, gehört Martin Luther zu Deutschland? Terror gegen Christen findet längst nicht mehr nur im Nahen Osten statt. Nichts wird in unserer Gesellschaft stärker geschmäht als das Christentum. Die große Heuchelei besteht aber darin, dass Spott über Jesus Christus salonfähig ist, während eine Muhammad-Karikatur fast untersagt wird, weil man den Muslim damit beleidigen würde. Darin steckt ein nicht zu unterschätzender Obskurantismus. In einer aufgeklärten Gesellschaft muss Spott über Jesus Christus möglich sein wie über Moses, wie über Mohammed. Der Blasphemieparagraf gehört ersatzlos gestrichen. Was kann dem Menschen, der an einen Gott glaubt, der Spott der Agnostiker anhaben? Der Spott fällt auf die Spötter zurück. Sein Verhältnis zu Gott ist geklärt, und für den Glauben oder Nichtglauben anderer Menschen trägt er keine Verantwortung. Er missioniert nur durch eine einzige, dafür umso bedeutsamere Handlung: durch das Beispiel, das er abgibt, durch die Werte, die er verkörpert. Die christlichen Werte aber bilden den Humus, aus dem unsere Menschen- und Bürgerrechte erwachsen, waren und bleiben der Nährboden unserer modernen aufgeklärten Gesellschaft. Deshalb ist Hass auf das Christentum für einen Europäer Selbsthass.

Wenn es richtig ist, dass die Aufklärung aus dem Christentum, genauer aus der Reformation, ihren wesentlichen Impuls erhielt, unsere Vorstellungen von Menschenwürde, Toleranz, Meinungsfreiheit, Gleichheit und Gleichberechtigung und von Recht und Gesetz, von einem vernünftigen Gesellschaftsvertrag unsere Identität, ausmachen, dann müssen wir uns nicht nur zu diesen Werten bekennen, sondern dann müssen wir sie sowohl leben können als auch leben dürfen. Können wir sie wirklich leben, wenn eine Mehrheit der deutschen Bürger meint, man müsse in der Flüchtlingsfrage vorsichtig sein und dürfe nicht seine Meinung vertreten, wie die Meinungsforscherin Renate Köcher in einer Studie feststellt und im Interview mit der *WELT* bekräftigt?[137]

Die Integrationsbeauftragte der Bundesregierung, Aydan Özoguz, wird in ihrem Strategiepapier vom 21.09.2015 deutlich: »Auch mit Blick auf die hohen Flüchtlingszahlen ist klar: Wir stehen vor einem fundamentalen Wandel. Unsere Gesellschaft wird weiter vielfältiger werden, das wird auch anstrengend, mitunter schmerzhaft sein. Unser Zusammenleben muss täglich neu ausgehandelt werden. Es liegt an uns, ob wir darin dennoch eher die Chancen sehen wollen oder die Schwierigkeiten. Eine Einwanderungsgesellschaft zu sein heißt, dass sich nicht nur die Menschen, die zu uns kommen, integrieren müssen. Alle müssen sich darauf einlassen und die Veränderungen annehmen. Schon heute hat jeder fünfte Bürger einen Migrationshintergrund: Deutschland ist längst nicht mehr der ethnisch homogene Nationalstaat, für den ihn viele immer noch halten. Es wird Zeit, dass sich unser Selbstbild den Realitäten anpasst ...«[138] An Deutlichkeit lässt das nichts zu wünschen übrig:

Der Bürger wird entmündigt. Er hat sich »den Realitäten« anzupassen, er hat sich darauf einzulassen, er hat das Zusammenleben täglich neu auszuhandeln und dabei natürlich Werte aufzugeben. Die eigentliche Botschaft unter den politikwissenschaftlichen Phrasen lautet: Unsere Werte sind verhandelbar. Die Menschen- und Bürgerrechte sind verhandelbar, das Grundgesetz ist verhandelbar. Die Vorstellung vom ständigen Aushandeln des Zusammenlebens klingt hübsch, zielt aber auf die Abschaffung des Rechtsstaates. Denn das Zusammenleben muss nur dann täglich neu ausgehandelt werden, wenn wir uns von Recht und Gesetz verabschiedet haben. Recht und Gesetz schaffen sowohl den Rahmen als auch die Spielregeln des Zusammenlebens. Darin besteht der Sinn des Rechtsstaates, dass eben das Zusammenleben nicht ständig neu ausgehandelt werden muss. Nur dort, wo Chaos und Anarchie herrschen, wo es rechtsfreie Räume gibt, muss das Zusammenleben stets neu ausgehandelt werden. Dort, wo das Zusammenleben »ständig neu ausgehandelt werden muss«, regiert das Recht des Stärkeren oder das Recht der stärkeren Gruppe, der Clique.

Das hohe Lied der Integration klingt schrill, wenn die tiefen Tonlagen weggelassen werden, wenn verschwiegen wird, dass jene kriminellen, nicht integrierten libanesischen Clans, für die man in Berlin eine eigene SOKO gründen musste, nun auch kräftig am Asylchaos der Regierung profitieren, indem sie Immobilien, die mit Geldern aus Straftaten erworben wurden, nun an die Stadt vermieten. »Eine 20 Quadratmeter kleine Bude im Berliner Stadtteil Neukölln wird so schnell zur Goldgrube. Wo eine syrische Flüchtlingsfamilie mit drei Kindern und Eltern notdürftig unterkommt, kassiere der Besitzer, ein Spross der Familie R., rund 3700 Euro im Monat. Das Geld kommt vom Staat. Der Deal ist völlig legal, die Einnahmen fließen verlässlich.«[139] – »Das Geschäft mit den Flüchtlingen«, sagt der ehemalige Neuköllner Bezirksbürgermeister - Heinz Buschkowsky (SPD), »ist inzwischen einträglicher als der Handel mit Drogen.« Und Tom Schreiber, Innenexperte der SPD im Abgeordnetenhaus, kritisiert: »Die Verbrecher verdienen sich eine goldene Nase. Der Staat fördert mit Steuergeldern die organisierte Kriminalität.«[140] Der Skandal ist: Die Regierung exekutiert eine vollständige Veränderung Deutschlands, ohne dass sie dafür demokratisch legitimiert ist. In ihrem Strategiepapier stellt Aydan Özoguz aus meiner Sicht die Werte der Aufklärung zur Disposition, denn sie müssen ihrer Meinung nach immer wieder neu ausgehandelt werden. Was das in der Praxis bedeutet, belegt ein Beispiel: Die ärztliche Untersuchung eines 13-jährigen syrischen Mädchen ergibt ihre Schwangerschaft. Ein Zertifikat eines Scharia-Gerichts aus dem Libanon belegt, dass dieses Mädchen verheiratet ist. Wo liegt also das Problem? Nach der Scharia ist alles rechtens, nach deutschem Recht ist es allerdings Kindesmissbrauch. Welches Recht gilt nun? Die Scharia oder das deutsche Recht? Wie wird das nun neu ausgehandelt? Legal oder illegal oder am Ende scheißegal, wie die 68er gerne spotteten? Sind das die »neuen Realitäten«, an die wir uns anzupassen haben? Viele Menschen gehen der freundlich klingenden Forderung, dass sich eben die Gesellschaft verändern muss, auf dem Leim, weil sie denken, dass die Veränderung nichts mit ihnen zu tun hat, so wie wir auch nicht glauben, dass wir sterben werden, denn den Tod erleiden immer die anderen. Bei einer kontroversen Diskussion zum Thema »Gehört Luther zu Deutschland?« fiel mir auf, dass oft nicht verstanden wird, was es tatsächlich bedeutet, 1,5 Millionen Menschen aus dem muslimischen Kulturkreis zu integrieren. So mancher glaubt, dass es sich um die Integration von Hugenotten, was Preußen in der Geschichte gelungen ist, oder um Italiener oder Franzosen, mit denen man im Prenzlauer Berg bestens zusammenlebt, handelt. Dem entspricht die neueste Staatsklugheit, die darin zu bestehen scheint, Probleme nicht zu lösen, sondern vor ihnen zu kapitulieren. Fatalismus ist Trumpf.

Andererseits ist es faszinierend und ermutigend zu sehen, dass man nicht Christ sein muss, um christliche Werte zu leben, weil sie inzwischen durch die Säkularisierung und die Privatisierung der Religion zu den allgemeinen Werten unserer Kultur geworden sind. Martin Luther gehörte in seiner Zeit zu den wenigen, die es ablehnten, in Glaubensdingen Zwang auszuüben, mehr noch, die Gewissensentscheidung, die Anrufung des Gewissens war ihm im wahrsten und tiefsten Sinn des Wortes heilig. Als ihm auf dem Reichstag in Worms der Trierer Kanzler von der Ecken zurief: »Lass dein Gewissen fahren, Bruder Martinus«, antwortete Luther: »Wenn ich nicht überwunden werde durch die Zeugnisse der Schrift oder durch die evidenten Vernunftgründe – denn ich glaube weder dem Papst noch den Konzilien allein, weil feststeht, dass sie sich oft geirrt und selbst widersprochen haben –, bin ich durch die von mir hinzugezogenen Schriftstellen besiegt, und das Gewissen ist im Wort Gottes gefangen, und ich kann und ich will nicht irgendetwas widerrufen, weil es weder gefahrlos noch heilsam ist, gegen das Gewissen zu handeln.« Wenn nichts von Martin Luther bliebe als dieses, dass es nicht gefahrlos, noch heilsam ist, gegen das Gewissen zu handeln, so wäre es schon überreichlich. In diesem Satz ist Christus, die Größe des Menschen, der Grund unserer europäischen Existenz, selbst anwesend. Es heißt, Martin Luther habe Jesus Christus ins Zentrum des Glaubens gerückt. Das war so ganz neu nicht, denn das taten andere auch schon vor ihm: der heilige Franz von Assisi zum Beispiel, Mechthild von Magdeburg, Meister Eckhart, Thomas a Kempis. Martin Luther ist allerdings einen Schritt weiter gegangen, er hat den Menschen in den Mittelpunkt gerückt, es nicht bei der *Imitatio Christi,* bei der Nachahmung Christi, dabei, dass man sich am Leben Christi ein Beispiel nehmen solle, belassen. Die oft kolportierte Frage: Wie bekomme ich einen gnädigen Gott?, lautet doch eigentlich: Wie ist Glauben möglich, und: Wie lebe ich richtig in einer gefahrvollen, den Menschen nicht freundlichen

Welt als Mensch? Worauf habe ich Anspruch und wofür trage ich Verantwortung? Luthers große Entdeckung des Ichs im Glauben hat zum Konzept des Subjekts und seine Schrift *Von der Freiheit eines Christenmenschen* zum Bürger geführt, so wie wir ihn in Immanuel Kants großer Schrift *Was ist Aufklärung?* finden und wie es in dem schönen Satz heißt, der Voltaire zugesprochen wird: »Ich bin zwar nicht ihrer Meinung, aber ich werde alles tun, damit sie ihre Meinung frei äußern können.« Warum sollten wir das verhandeln wollen und sollen? Insofern ist die Frage, ob Luther zu Deutschland gehört und nicht stattdessen der Islam, aktuell, akut und wichtig. Es ist letztlich die Frage nach der gesellschaftlichen Situation, die Frage, ob unsere Kultur, die Kultur der Aufklärung, zerbröselt.

Keine Kultur existiert ohne religiöse Prägung. Dabei ist es völlig unerheblich, ob man diese Religion praktiziert. Die Religion gehört zur kulturellen Matrix, zum kulturellen Code, wie die Entstehung der Aufklärung ohne das Christentum und Immanuel Kant ohne Martin Luther undenkbar sind. Man kann es bis ins Kleinste verfolgen, wie aus dem Christentum die Aufklärung hervorging und gleichzeitig wiederum das Christentum durch die Aufklärung verändert wurde, wie Luthers *sola scriptura*, seine von den Humanisten inspirierte Bemühung um den authentischen Text, zur historisch-kritischen Methode führte, eine Methode, die unser Verständnis der Bibel vertieft und aus der sich Kritikfähigkeit entwickelt hat. Deutsche Islamwissenschaftler verweigern mit den absurdesten Argumenten gerade die Anwendung dieser Methode auf den Koran.[141] Ein Islam aber, der nicht die historisch-kritische Methode auf seinen zentralen Text anwendet, muss im Sinn der Aufklärung unaufgeklärt sein. Inwiefern gehört dann ein unaufgeklärter Islam zu unserer aufgeklärten Gesellschaft? Seit Jahren verläuft der Prozess, dass der Islam sich der säkularen Gesellschaft anpasst und eine Reform erlebt wie die christliche Religion, freundlich ausgedrückt, unbefriedigend. Aufgeklärte muslimische Theologen wie Mouhanad Khorchide geraten unter Druck. Der Vorsitzende der Hamburger Schura, dem Rat der Hamburger Muslime, Mustafa Yoldaş, lud Mouhanad Khorchide 2013 zu einer »Einheitskonferenz« in das Islamische Zentrum Hamburg ein. Die Vorsitzenden der Islamverbände wie Ayman Mazyek sagten ihre Teilnahme ab, weil sie noch nicht einmal mit dem Abtrünnigen reden wollten.[142] »Die islamische Theologie ist eine Angelegenheit der Muslime. Sie ist kein Mittel der Sicherheitspolitik und auch nicht der Integrationspolitik«, sagt Yoldaş und erntet kräftigen Applaus. Ein junger Mann mit Vollbart sagt in die Runde: Der Koran sei die Wahrheit und dort stehe, dass Christen und Juden nicht aufhören werden, ehe sie die Muslime vom Glauben abgebracht hätten. Und der Veranstalter Mustafa Yoldaş ergänzt und meint damit Mouhanad Khorchide: »Er hat viel Aufmerksamkeit bekommen, die er eigentlich nicht verdient (…) Er wird von islamfeindlichen Medien instrumentalisiert und er merkt das nicht.«[143] Von diesen Islamverbänden und -räten erwartet die Bundesregierung Hilfe bei der Integration, sie sollen nach ihrem Willen »Integrationsdolmetscher« werden. Wer passt sich jetzt an wen an? Wie verläuft das Aushandeln, das ja immer ein Nehmen und Geben ist? Was geben wir fort und was bekommen wir dafür? Die »unwichtigen« Details wurden bisher nicht benannt. Verabschieden wir uns aus Opportunitätsgründen von der Aufklärung? Zur Aufklärung gehört auch die Vorstellung des Gesellschaftsvertrages und, um wieder auf Martin Luther zurückzukommen, die ambivalente, faszinierend widersprüchliche Vorstellung des Reformators von der Obrigkeit. Auch die Bundeskanzlerin sprach eine Zeitlang, man hat es schon fast vergessen, von der Herrschaft des Rechts. Gerade in diesen Tagen erleben wir, welche dramatischen Folgen es hat, wenn Regierungen das Recht brechen. Aurelius Augustinus formulierte in seinem großen geschichtsphilosophischen Werk *Vom Gottesstaat*: »Was anders sind also Reiche, wenn ihnen Gerechtigkeit fehlt, als große Räuberbanden.«[144] Mit großer innerer Selbstzufriedenheit wird gern das Totschlagargument bemüht: Natürlich wurde Recht gebrochen, aber doch aus Gründen der Menschlichkeit. Das Argument der Menschlichkeit hält für alles her, was man selbst für menschlich und was für unmenschlich hält. Es dem Recht allerdings entgegenzustellen, impliziert die Rechtfertigung der Selbstjustiz. Stefan Austs *Chronik des Staatsversagens* belegt mit der unabweisbaren Logik von Chronologien, dass wohl kaum aus Regung der Humanität die Grenzen geöffnet wurden, zumal dieses neue »Völkerwanderung« bereits seit Anfang 2014 der Regierung bekannt war.[145] Die Unveräußerlichkeit des Rechts und die Gleichheit eines jeden Menschen vor dem Recht sind zentrale, ja fundamentale Postulate der Aufklärung, die auf Martin Luther zurückgehen. Wenn die EKD der Kanzlerin applaudiert, dann stellt sie sich gegen Martin Luther. Dann lautet für jeden evangelischen Christen die Frage, ob er Martin Luther oder der Rat der EKD folgen will. Wer das Recht und mithin die Postulate der Aufklärung in Frage stellt, muss das Zusammenleben täglich neu aushandeln. Die Erkenntnis ist so banal, dass man meinen könnte, man laufe offene Türen ein. Dass man sich ermächtigt fühlt, Recht außer Kraft zu setzen, illustriert ein Interview, das der Außenminister Luxemburgs, Jean Asselborn, dem *Morgenmagazin* des ZDF am 26.10.2015 gab. Er sagte: »Wir müssen auf unsere Werte und nicht nur auf die Paragrafen gucken.« Die von ihm geringgeschätzten Paragrafen sind aber praktischer Ausdruck unserer Werte. Verachtet man die »Paragrafen«, verachtet man die Werte. Dieser Zusammenhang scheint den Regierenden nicht mehr bewusst zu sein. Recht würde so zum Spielball politischer Opportunität. Warum soll der Bürger auf ein paar Paragrafen gucken, wenn die Regierung sie geringschätzt? Wenn aber das Recht nicht mehr gilt, wenn die Gewaltenteilung nicht mehr funktioniert, dann sind wir am Ende unserer Werte. Dann hat Europa, dann hat die Aufklärung, dann hat Martin Luther ausgespielt. Es klingt verrückt, aber der Luxemburger Minister scheint nicht verstanden zu haben, dass wir in den Paragrafen unserer Rechtsordnung unsere Werte umgesetzt in positives Recht erblicken und dass diese Rechtsordnung die Gültigkeit und Lebbarkeit unserer Werte garantiert. Wenn wir das Recht beugen oder außer Kraft setzen, dann sägen wir an dem Ast, auf dem wir sitzen.

Es sei in diesem Zusammenhang an eine der schönsten Anekdoten der deutschen Geschichte erinnert: Als den preußischen König Friedrich dem Großen der Anblick einer Mühle verdross, die er erblickte, wenn er aus seinem Schloss Sanssouci schaute, bot er dem Müller Geld, um die störende Mühle an einem anderen, unstörenden Ort neu zu errichten. Der Müller weigerte sich. Ihm gefiel es, wo er war und wie es war. Der König wurde wütend und verstieg sich darauf, dass er seinen Soldaten auch befehlen könne, die Mühle einfach abzureißen. Den Müller indes beeindruckte das nicht, der wandte nur lächelnd ein: »Das könnten Sie wohl tun, wenn es das Kammergericht in Berlin nicht gäbe, das mir zu meinem Recht verhelfen wird.« Die Mühle blieb stehen und Friedrich der Große musste sich mit dem Anblick abfinden. Prägnanter kann man die Vorstellung vom Recht, wie sie die Aufklärung formuliert, nicht fassen: Selbst der absolute König beugt sich ihm!

Wenn die Regierenden keine Achtung vor dem Recht, vor dem Kammergericht, vor den »paar Paragrafen« mehr empfinden, dann ist das Ende unserer modernen demokratischen Gesellschaft gekommen. Das Recht fußt auf dem Konzept der Gleichheit und der Freiheit eines jeden Menschen. Dieses Konzept findet seinen Anfang sowohl in der *Magna Charta* der Engländer als auch in den Theorien des Italieners Marsilius von Padua und Dantes Vorstellung vom Volkskaisertum und wird zum ersten Mal theologisch, philosophisch und politisch von Martin Luther in seiner großartigen Freiheitsschrift begründet, die den modernsten Freiheitsbegriff beinhaltet. Das Konzept der Freiheit, das wir einem ständigen Aushandeln der eigenen Existenz zuliebe aufgeben sollen, liegt unserer Gesellschaft zugrunde. Schränken wir die Freiheit ein, zerstören wir unsere Gesellschaft. Ein wesentliches Prärogativ der Freiheit ist es, die falschen Fragen zu stellen. Die falschen Fragen bringen nämlich die richtigen Antworten.

Die Republik befindet sich in einem Zustand, wo es ohne Veränderung nicht mehr gehen wird. Der moralisch aufdrapierte Fatalismus der Bundesregierung hat den Rückweg versperrt. Zwischen dem alten Deutschland und den Deutschen stehen über eine Million Zuwanderer. Vielen ist noch nicht bewusst, dass wir längst den *point of no return* erreicht haben. Andere flüchten sich in Illusionen über die Dramatik und Tiefe der Veränderung. Das Gefühl dafür, was es heißt, dass Geschichte geschieht, ist abhanden gekommen. Die Vorausetzung, bewusst historische Prozesse zu steuern, fehlt, weil die Regierung nicht regiert, sondern nur reagiert und behauptet, ihr stünden keine anderen Optionen zur Verfügung. Eine Mehrheit der Bürger bescheinigt hingegen der Regierung einen Kontrollverlust. Die marxistische Theorie bezeichnet die Situation, in der die Regierung nicht mehr anders handeln kann, als sie es tut, die Regierten jedoch so nicht mehr weiterleben können, als revolutionäre Situation. So weit ist es noch nicht, aber der Riss vertieft sich, und es hat den Anschein, dass bürgerkriegsähnliche Zustände und brutal geführte Verteilungskämpfe eintreten könnten, wenn die Regierung die Probleme nicht beherzt angeht. Doch wird sie dazu in der Lage sein? Ein pensionierter Landesminister beschrieb die neue Politikergeneration deprimiert mit den Worten: »Die haben kein Blei mehr in den Schuhen.« Parteikarrieristen ohne Verbindung zum Leben? Politiker als ahnungslose Flugbegleiter eines auf Autopilot gestellten Deutschlands? Um die Freizügigkeit zu garantieren, muss man Grenzen setzen: geistige und staatliche. Wer unter Hinweis auf die Freizügigkeit die Schließung von Grenzen ablehnt und mithin den Kontrollverlust als Ausdruck höchster

Staatskunst feiert, hat die Freizügigkeit bereits aufgegeben. Wer auf die Hoheitsrechte des freiheitlichen Staates verzichtet, schafft diesen Staat ab. Warum und zu welchem Zweck und Ziel sollten wir uns selbst abschaffen?

Um nicht missverstanden zu werden: Die Flüchtlingskrise stellt nicht die Ursache, sondern ein Ferment dieser Entwicklung dar. Seit den 90er-Jahren lässt sich eine schleichende, dafür aber umso tiefergehende Entwicklung verfolgen, der mit einer Alternative begegnet werden muss. Die Frage lautet: Werden wir unfreiwillige Zeugen der Demontage der westlichen Demokratie? Geschichte wiederholt sich allerdings nicht. Nicht verspätete Mutationen totalitärer Kräfte, die in der ersten Hälfte des 20. Jahrhunderts in Europa zur Macht kamen, stehen *ante portas* vor Europas Schaltzentralen der Macht, sondern informelle Eliten scheinen die Auflösung demokratischer Strukturen, genauer noch ihre Aushöhlung, zu betreiben. Sie sind weder rassistisch, noch antidemokratisch, noch totalitär, sie wollen lediglich ihre zumeist wirtschaftlichen Interessen durchsetzen. Im Grunde sind sie sogar apolitisch. Die informellen Eliten sind keine Geheimbündler und sie planen keine Verschwörung, sie träumen nicht von der Weltherrschaft, sondern kalkulieren mit dem Weltgewinn. Sie agieren oft sehr öffentlich und verfolgen keine tieferen ideologischen Ziele. In ihrem Streben nach Profitmaximierung und Boni, nach Macht und medialer Präsenz ist die Entkernung der westlichen Demokratie für sie nur ein Kollateralschaden. Was sich abspielt, ist, je banaler es aussieht, nur umso alarmierender. Um sich nicht in Symptomen zu verheddern oder sich in der sanften Melancholie der Kulturkritik zu verlieren, ist ein Perspektivwechsel vonnöten: Die Gegenwart muss als historischer Gegenstand begriffen werden. Das größte Erkenntnishindernis besteht darin, dass die Analyse nicht die aktuelle Gesellschaftsform, die eine Gesellschaft im Übergang ist, historisch verortet und gleichsam von außen betrachtend erkennt, sondern sich das Denken und die

Analyse innerhalb der Gesellschaft wundläuft. Es nimmt Ideologeme als Glaubenssätze und Prämissen. Dieses Denken ist blind, betriebsblind. Es vermag sich nicht selbst in Frage zu stellen. Daraus folgt: Politisches Denken ist tautologisch. Das meint: Politisches Denken, das nicht seine Grundlagen in Frage stellt, ist ein purer Zirkelschluss, heutzutage eine Art ontologischer Gottesbeweis der repräsentativen Demokratie, denn eine andere kennen wir nicht. Um die Gegenwartsblindheit abzustreifen, ist es zunächst wichtig, genau zu sagen, über welche Demokratie man spricht und was man darunter versteht. Unsere Gesellschaft ist im nächsten Schritt methodisch zu historisieren. Wer die aktuelle Gesellschaft absolut setzt, findet sie alternativlos, wer die Alternativlosigkeit der Entwicklung akzeptiert, bestimmt die Entwicklung nicht mehr, sondern befindet sich in ihrer Geiselhaft. Die Folge ist eine Politik, die sich mit der Entwicklung bereits abgefunden hat und ihre ganze Aufgabe nur noch darin sieht, strafmildernde Umstände auszuhandeln. Daraus ergibt sich folgerichtig die Methode, außerhalb des Paradigmas zu denken, nichts als sicher oder gesichert gelten zu lassen, sondern alles zu befragen. Fragen, die nicht gestellt werden können, können auch nicht beantwortet werden. Um ein Beispiel zu nennen: Allgemein wird von *der* Demokratie gesprochen, wenn man die Repräsentationsdemokratie meint. Hier stellen sich zwingend zwei Fragen:

1. Im weiten Rahmen, den die europäische Geschichte durchlief, hat sie die verschiedensten Formen der Demokratie herausgebildet und benutzt. Von welcher Demokratie sprechen wir? Ist die Oligarchie, zu der wir tendieren, eine legitime Form der Demokratie? Gibt es sogar einen zwangsläufigen, historisch geradezu notwendigen Wechsel zwischen, vereinfacht und grob gesagt, Demokratie und Diktatur? Sind sie nur zwei Seiten einer Medaille? Ist ein Wechsel des Demokratiemodells oder ein Amalgam sinnvoll? Kollidiert das Modell der repräsentativen Demokratie mit der Kommunikation im Zeitalter des Inter-

nets? Alles in einem: Wovon sprechen wir, wenn wir das Wort Demokratie sagen? Zur näheren Bestimmung muss im Übrigen auch das muslimische Staatsrechtsdenken von Ibn Sina, Ibn Ruschd und ibn Khaldun befragt werden.

2. Ist die Demokratie eine rein europäische Entwicklung? Oder gibt es in der Welt andere Demokratiemodelle, wenn man sich beispielsweise die Konzepte muslimischer Philosophen wie Ibn Sina, Ibn Ruschd oder jüdischer Gelehrter wie Moses Maimonides oder die Vorstellungen des Marsilius von Padua anschaut? Allein in der europäischen Geschichte finden wir acht große Demokratiedebatten: einmal im antiken Athen zur Zeit Platons und Aristoteles', dann in Rom im Übergang von der Republik zum Kaiserreich, schließlich im 14. Jahrhundert in der Auseinandersetzung zwischen Papsttum und Universalkaiserreich, in der Staatsrechtsdiskussion des 17. Jahrhunderts, im ausgehenden 18. Jahrhundert, vor und während der französischen Revolution, im 19. Jahrhundert mit dem Aufkommen der Arbeiterbewegung und schließlich in den 30er- und 40er-Jahren des 20. Jahrhunderts. Gemeinsam ist den Daten der großen Debatten, dass sie immer in Krisenzeiten des Staatswesens aufloderten. Da wir in die Krise kommen, stellt sich die Frage: Ist unser Modell der Repräsentativdemokratie überhaupt zeitgemäß? Taugt sie als Modell für eine multipolare Welt? Bereits Jean Jacques Rousseau behauptete im *Gesellschaftsvertrag*, dass keine wahre Demokratie auf dem Prinzip der Repräsentation existieren könne. Diese scheinbar alte akademische Frage wird durch den »alternativlosen« Weg in einen europäischen Superzentralstaat erneut auf die Tagesordnung gesetzt, denn die Größe und die Struktur des künftigen Einheitsstaates Europa scheint die Möglichkeiten der Repräsentation zu überschreiten. Das gesamte europäische System – und damit auch die deutsche Gesellschaft – durchläuft einen Paradigmenwechsel, eine Veränderung der wirtschaftlichen, sozialen, kommunikativen und moralischen Konstanten, der durch

die massenhafte Einwanderung eine zusätzliche Dynamik erhält. Die Dimension und Radikalität der Veränderung ähnelt nur der des Übergangs von der Spätantike zum Mittelalter oder vom Mittelalter zur Neuzeit, mit dem Unterschied allerdings, dass die gesellschaftlichen Transformationsprozesse sich geradezu exponentiell beschleunigen.

Kapitel 12

Gehört Luther zu Deutschland?

Wie sehr Martin Luther den Verlauf der deutschen Geschichte beeinflusst hat, wie anregend er nach wie vor ist und den aktuellen Debatten sogar Dynamik zu verleihen vermag, springt bei näherem Hinsehen ins Auge, gleichzeitig und im Gegensatz dazu scheint die Gesellschaft, übrigens auch die Evangelische Kirche, dieses Angebot in seiner ganzen Substanz, das der Reformator uns nach 500 Jahren in provozierender Frische unterbreitet, zu ignorieren. Dennoch: Martin Luther provoziert immer noch – und das muss er auch. Gerade für unsere Zeit sei daran erinnert, dass der Begriff Provokation in seinem ältesten Sinn, nämlich als *provocatio ad populum* verstanden, das Recht jedes Bürgers bezeichnet, die anderen Bürger um Beistand anzurufen, wenn er sich durch die Regierenden bedroht fühlt. In diesem Sinn galt im Imperium Romanum die *provocatio ad populum* als vornehmstes Freiheitsrecht der Bürger. Die *Magna Carta* der Engländer übersetzte den römischen Grundsatz in das erste Freiheitsrecht des nachantiken Europas. Sir Edward Coke (1552–1634) legte die Freiheitsrechte der Bürger dahingehend aus, dass es jedem Hausherrn gestattet sei, seinen Besitz, sein Haus vor jedem Angreifer, vor jedem Räuber zu schützen und sich mit Freunden oder Nachbarn zusammenzuschließen, um seinen Besitz auch mit Waffengewalt zu verteidigen, denn »*for a man's house is his castle*«. Und auch Martin Luther befand schon in den Ablassthesen, dass es die erste und vornehmste Pflicht des Christen ist, sich um sein Hauswesen zu kümmern, für das Gedeihen seiner Familie, seines Hauses zu sorgen. Natürlich gilt der Gesellschaftsvertrag, der festlegt, dass die Bürger die Gewalt dem Staat übertragen, damit er ihre Sicherheit gewährleistet, was allgemein unter dem Gewaltmonopol des Staates verstanden wird, eine kluge und sinnvolle Übereinkunft, die aber nur so lange Bestand hat, wie der Staat das Gewaltmonopol einsetzt, um seinen hoheitlichen Aufgaben und dem Schutz der Bürger nachzukommen. Wo er allerdings den Schutz der Bürger nicht mehr gewährleistet, seine hoheitlichen Aufgaben vernachlässigt, Recht und Gesetz bricht oder beugt, er beispielsweise *No-Go-Areas* innerhalb des Staatsgebietes duldet und er nicht mehr bereit oder willens ist, Besitz, Eigentum und körperliche Unversehrtheit, die Freiheiten und Rechte seiner Bürger zu schützen, kündigt er de facto den Gesellschaftsvertrag auf. Das Gewaltmonopol des Staates ist kein passives oder totes Recht. Der Staat besitzt es nur so lange, wie er davon Gebrauch macht: Es ist ein aktives Recht. Zugleich liegt es nicht im Ermessen des Staates, vom Gewaltmonopol im oben beschriebenen Sinn Gebrauch zu machen, sondern es ist ein Imperativ: Er muss es in jedem Fall. Und als kategorischer Imperativ bedingt er die Freiheit. Nichts wird aber damit gewonnen, Gesetze in einem durchsichtigen Akt des Populismus zu verschärfen, wenn geltendes Recht nicht einmal durchgesetzt wird und der Staat das Gewaltmonopol wahlweise oder fakultativ einsetzt. Die Freiheit der Bürger endet dort, wo der kategorische durch einen arbiträren Imperativ ersetzt wird. Martin Luther sah die Aufgabe der Obrigkeit einzig darin, Recht und Gesetz durchzusetzen. Dafür bekam die Obrigkeit das Schwert – nicht dafür, sich passiv zu verhalten, nicht dafür, es nach eigenem Gutdünken und nur ausgewählt zu benutzen. Martin Luther schrieb für alle verständlich: »Ein jeglicher Herr und Fürst ist schuldig, die Seinen zu schützen und ihnen Frieden zu schaffen. Das ist sein Amt, dazu hat er das Schwert … Aber ein Herr und Fürst ist nicht eine Person für sich selbst, sondern für andere, dass er ihnen diene, das heißt, sie schütze und verteidige; obwohl es gut wäre, dass er auch dazu ein Christ wäre, und an Gott glaubte, so wäre er wohl glückselig.«[146] Halten wir

fest: seine Aufgabe ist, die »*Seinen*« zu schützen. Das atemberaubend Neue wird gern übersehen. Der glaubensstarke Luther,
für den der Glaube an Christus Alpha und Omega ist, sagt im
beginnenden 16. Jahrhundert, in einer Zeit, in der die Religion
alles war und zum Wort Fürst und König das Attribut christlich
wie selbstverständlich dazugehörte: »Aber es ist nicht fürstlich,
Christ zu sein, darum müssen wenige Fürsten Christen
sein …«[147] Die Obrigkeit hat ein Amt zu versehen, sie hat Recht
und Gesetz gegen jedermann durchzusetzen und jeden Bürger
des Staates gegen Gewalt, woher sie auch kommen mag, zu
schützen. Woran die Fürsten jedoch glauben, bleibt ihre Privatsache. Ihr persönlicher Glaube steht in keinem Zusammenhang
mit ihrem Amt, das erschaffen wurde, um die Ordnung aufrechtzuerhalten. Der Reformator vermeidet es tunlichst, die
beiden Reiche, das weltliche und das geistliche, zu vermischen.
Präzise formuliert er hier die Trennung von Kirche und Staat,
die von der Evangelischen Kirche durch politisches Handeln,
durch den Rechtsbruch sogenannter Kirchenasyle praktisch
aufgehoben wird. An diesem Punkt stellt sie sich als Kirche
über Recht und Gesetz. Indem die Evangelische Kirche politisch
agiert, negiert sie die Trennung von Kirche und Staat, die Martin Luther so evident formulierte. Es war der Reformator, der
eindringlich davor gewarnt hat, die Kirche über das Gesetz zu
stellen. Übrigens findet sich der Grundsatz der Trennung von
Staat und Kirche mehrfach in der Bibel, am eindrucksvollsten
in der großen Diskussion zwischen Jesus und Pontius Pilatus,
die der Prokurator, sicher seiner Macht, als Verhör beginnt.
Als der Römer sich erkundigt, ob Jesus der König der Juden
sei, antwortet der: »Mein Reich ist nicht von dieser Welt. Wäre
mein Reich von dieser Welt, meine Diener würden darum
kämpfen, dass ich den Juden nicht überantwortet würde; nun
aber ist mein Reich nicht von dieser Welt« (Joh 18,36). Martin
Luther verinnerlichte diese Vorstellung. Zwar darf das geistliche
Reich nicht in das weltliche hineinregieren, anderseits vermag

das weltliche nicht das geistliche zu erreichen. Sie sind streng voneinander geschieden: »Aber Gott behütet mich dennoch vor ihren Gedanken und steckt ihrem Vornehmen ein Ziel, dass sie es nicht tun sollen, was sie im Sinn haben. Stoßen können sie, fällen können sie mich nicht; martern können sie, ausrotten können sie (mich) nicht; ins Gefängnis bringen können sie, zwingen können sie (mich) nicht; hindern können sie, wehren können sie (mir) nicht; Zähne blecken können sie, fressen können sie (mich) nicht; morden, brennen, henken und ertränken können sie, dämpfen können sie (mich) nicht; verjagen, rauben, nehmen können sie, zum Schweigen bringen können sie (mich) nicht. Und in summa: Etwas sollen sie tun, aber ihr Ziel sollen sie nicht erreichen. Denn da hat es ein Ende, der hilft mir.«[148] Im Gottvertrauen, in dem Bewusstsein, dass das zweite Reich, das nicht von dieser Welt ist, existiert, besteht der Grund des Gewissens. Es existiert eine Instanz, die mehr als der Mensch ist.

Zum einen darf die Kirche nicht in das weltliche Reich hineinregieren, zum anderen aber haben die Mächtigen, denen die Macht durch Gott verliehen worden ist, auch als Diener in der rechten Weise Gebrauch von ihr zu machen. Ihre Legitimation als Herrschende hängt allein am Dienst an der Gemeinschaft. Ausdrücklich warnt Luther die hohen Herren vor der Verführung durch die Macht, vor Narzissmus, Eitelkeit, Hoffart, und empfiehlt ihnen zuallererst als wirksames Antidot gegen die Hybris, gegen die Selbstvergottung, die zu den größten Listen der Macht gehört, wenn sie den Mächtigen mit reichlich Dienern, mit Speichelleckern und Kriechern versieht und in großen schwarzen Wagen durch Potjomkinsche Dörfer kutschiert: »Wo aber ein Herr oder Fürst solch seines Amtes und Befehles nicht wahrnimmt und sich dünken lässt, er sei nicht um seiner Untertanen willen Fürst, sondern um seiner schönen gelben Haare willen Fürst, als hätte Gott ihn darum zum Fürsten gemacht, dass er sich seiner Gewalt, Gutes und Ehre freuen,

Lust daran und Trotz drinnen haben und sich darauf verlassen solle, der gehört unter die Heiden, ja, er ist ein Narr.«[149] Ins Heutige übersetzt: Wer den Verführungen des Amtes unterliegt, in der Sonne seiner Eitelkeit schwelgt und praktisch vergisst, dass sein Amt seinem Volk *dienen* heißt, der ist kein demokratischer Politiker. Luther empfiehlt den Bürgern und den Mächtigen, sich vor Gott als demütig zu erweisen, wozu auch gehört, »dass man sich vor Menschen und Teufeln nicht fürchte, keck und trotzig, mutig und unentwegt wider sie sei, wenn sie anfangen und unrecht haben«[150]. So hält Martin Luther dafür, dass die Obrigkeit Recht und Gesetz zu dienen und die Freiheit der Bürger zu schützen hat. Da aber die Verführung durch die Macht so groß und der Glaube an Gott so klein sind, die Eitelkeit täglich neue Nahrung erhält und das Gewissen mit schönen Worten und wohlfeilen Begründungen schnell eingewiegt ist, die Kunst der Politik aber auch darin besteht, selbst für das Ungeheuerlichste plausibel klingende Begründungen zu finden, muss die Amtszeit von Politikern begrenzt werden.

Die Frage, ob Martin Luther zu Deutschland gehört, kann auf drei verschiedene Arten beantwortet werden und gründet auf einer Entscheidung, die von den Deutschen demokratisch, aber auch intellektuell, politisch und ethisch zu treffen sein wird:

1. Luther gehört nicht mehr zum neuen Deutschland, das sich in diesen Tagen herausbildet und sich von seiner Geschichte verabschiedet. Der Reformator ist veraltet, überholt und verletzt die Gefühle der neuen Deutschen.

2. Luther gehört zu Deutschland, weil sich Deutschland nicht verändert, es so bleibt, wie es war. *Business as usual.* Wir schließen die Augen und träumen von Luther oder von anderem, Hauptsache, niemand wagt es, uns zu wecken.

3. Luther kann wieder zu Deutschland gehören, wenn das neue Deutschland Aufklärung und Liberalität in den Mittelpunkt stellt, wenn es sich nach vorn und zwar auf Luther zu

bewegt, wenn es in der Freiheit eines Christenmenschen sein zukunftsfähiges Gesellschaftskonzept erkennt und die 1990 aufgeworfen Frage in diesem Sinne beantwortet.

Deutlich wird, dass die Frage, ob Luther zu Deutschland gehört, der Erkenntnis entspringt, dass Deutschland derzeit am Scheideweg steht. Und das nicht erst seit dem Jahr 2015, sondern, wenn wir ehrlich sind, seit 1990, als unser Land die Chance verpasste, darüber nachzudenken, in welche Richtung sich ein wiedervereinigtes Deutschland entwickeln soll und wie die Vereinigung überhaupt gelingen kann. Die Entscheidung, die Wiedervereinigung als Beitritt und nicht als Zusammenschluss ins Werk zu setzen, die dadurch vertane Chance, die Gesellschaft zu modernisieren, wirkt sich noch heute und dazu verhängnisvoller denn je aus. Die westdeutschen Eliten schwelgten im Triumphalismus eines vollendeten Wegs nach Westen, eines glücklichen Ausgangs der Geschichte, und gaben sich anfangs der Illusion hin, dass die neue Bundesrepublik im Grunde nur eine etwas vergrößerte alte Bundesrepublik sein würde, denn sie wollten nichts ändern, während die ostdeutschen Eliten ums wirtschaftliche Überleben kämpften und wie üblich in Umbrüchen die Wendegewinner schnell zur Stelle waren und robust zu Werke gingen. Da es ihnen an Überzeugungen mangelte, die über ihre eigene Person hinausgingen, fügten sie sich perfekt ein. Aber essenzielle Fragen, die man verdrängt, tauchen in der Art von Widergängern als Krisensymptome erneut auf. Auch in der Geschichte wirkt eine sehr eigene Heilsökonomie, die nach Erlösung verlangt. Die ungelöste Frage des Jahres 1990 nach der Identität des wiedervereinigten Deutschlands kehrte mit ungebremster Wucht im Jahr 2015 zurück. Einige, wie die *ZEIT*-Redakteurin Özlem Topcu, möchten im Grunde die »Ossis« ausbürgern, weil sie ihr Weltbild stören, denn: »Dabei wart Ihr ja eigentlich auch Einwanderer. Hatten wir nicht beide oft das Gefühl, dass uns die Wessis wie Bürger zweiter Klasse behandeln, von oben herab?«[151] Es fällt ihr nicht einmal auf, dass ihre Aus-

führungen auf einem vollkommen falschen Bild von der »ostdeutschen Einwanderung« beruht, weil die »ostdeutschen Einwanderer« nun einmal ihr Land mitbrachten, durch ein neues
Absatzgebiet und einen Treuhandfonds die kriselnde westdeut-
sche Wirtschaft belebten, dieses Land sogar öffneten für Politiker, die noch einmal Ministerpräsidenten werden konnten, für
Wissenschaftler, denen der Sprung auf eine Professur, mit der
sie nicht mehr gerechnet hatten, doch noch glückte – und
auch die ZEIT bekam ein paar neue Leser. Dass die Ostdeutschen – nicht die Ossis, von denen sie herablassend
schreibt – durch Zivilcourage ein diktatorisches Regime stürz-
ten, dass sie in ihrer Mehrheit nicht wegliefen, sondern sich auf
den Plätzen versammelten, ohne zu wissen, ob sie am Abend
noch in ihre Wohnungen zurückkehren oder in den Gefängnis-
sen und eventuell eilig errichteten Lagern der Geheimpolizei
verschwinden würden, weiß die Autorin nicht. Vielleicht fällt
es schwer, über den Redaktionstellerrand hinauszublicken und
aus der Fülle der Urteile und nicht aus der Fülle der Vorurteile
zu schreiben, aber das Wunder des Herbstes 1989, als sich die
Völker Osteuropas aus eigener Kraft und eigenem Mut selbst
befreiten, wird erst in seiner ganzen Dimension verständlich,
erinnert man sich an die Opfer, an die blutige Unterdrückung
des Widerstandes 1953 in Ostdeutschland, 1956 in Ungarn,
1968 in Prag, an den langen Weg, den die mutigen Polen gingen. Die Geschichte ficht die Journalistin allerdings in ihrem
Beitrag zur deutschen Einheit nicht an, die eine Abneigung gegen die undankbaren »Ossis« empfindet, die eigentlich gar keine richtigen Deutschen sind, denn: »Nur leider habt Ihr uns
vergessen bei Eurer schönen Einheit. Ihr habt uns nicht gemeint
und uns wieder zu Ausländern gemacht. Dabei waren wir schon
längst Wessis. Länger als Ihr.«[152] Über diese Sicht braucht man
sich nicht zu wundern, wenn selbst der Bundespräsident ahis-
torisch die Schaffung der deutschen Einheit mit der Herausforderung der ungebremsten und unkontrollierten Einwanderung

vergleicht, so als sei er damals im Herbst 1989 nicht dabei gewesen.

Die damals nicht gestellte Frage: *Quo vadis*, Deutschland? hat uns die Geschichte zur Beantwortung erneut vorgelegt. Diesmal werden wir uns nicht vor der Beantwortung drücken können, diesmal wird sie aber viel schwerer zu beantworten sein, denn nun lautet sie eigentlich: *Quo vadis*, Europa? Allerdings sollte man nicht die deutsche mit der europäischen Frage derart vermengen, dass man sich vor einer Antwort wortreich zu drücken vermag, indem man auf Europa verweist, wenn man nach Deutschland fragt und vice versa. Die Geschichte vom Wettlauf zwischen Igel und Hase ist so bekannt, dass dem Igel die Täuschung nicht gelingen sollte. *Hic Rhodus, hic salta*: Es empfiehlt sich für die Deutschen von Deutschland wie für die Franzosen von Frankreich, für die Italiener von Italien, für die Briten von Großbritannien und für die Tschechen von Tschechien auszugehen.

Im Grunde braucht man sich darüber nicht zu wundern, wenn man wieder versucht, diese Debatte zu vermeiden, diesmal aber, indem der Bürger nicht gefragt wird und man stattdessen vollendete Tatsachen schafft, denen die Akklamation durch die Medien demokratische Weihen verschaffen sollen. Auch wenn sich einige Medien dazu versteigen mögen, sind sie dennoch nicht das Sprachrohr des Volkes, und in ihrer hektischen Aktivität, objektive Berichterstattung durch Volkspädagogik zu ersetzen, schaffen sie sich letztlich nur ab.

Wie und in welcher Weise kann Martin Luther zu Deutschland gehören?

Kapitel 13

Eine neue Reformation

Deutschland benötigt eine neue Reformation, eine Reformation an Haupt und Gliedern. Europa nicht minder. Angesichts der zentrifugalen Kräfte innerhalb der Europäischen Union, der ernsten Meinungsunterschiede und der schwindenden Gemeinsamkeiten wird es ohne eine gründliche, in ganz Europa geführte Debatte nicht weitergehen können.[153] Sie beherzt anzugehen, ist das Gebot der Stunde und die Pflicht der europäischen Intellektuellen. Jeder Tag, an dem man weiter »Dienst nach Vorschrift« macht, wird die Probleme mehren und die Zerrüttung vertiefen, anstatt sie aufzulösen. Einheit und Einigung wird allein im Neuen gefunden werden. Doch Parteipolitik, nicht einmal im engeren, sondern im engsten Sinne, ersetzt inzwischen Politik. Statt Rationalität und Wirklichkeitsbewusstsein, statt Prinzipienfestigkeit und Pragmatismus zu folgen, bewegt sich die etablierte Politik im *modus irrealis*, wobei die Pointe ist, dass man sich im *irrealis* der Vergangenheit befindet, besonders in Deutschland, in dem einflussreiche Kreise sich einem romantischen Okkasionalismus hingeben. Pathos und Phrasen setzen sich über jede Notwendigkeit der Begründung und Argumentation hinweg. Die Unangemessenheit der Rhetorik, ihre Grobheit belegt die mangelnde Rationalität, weist darauf hin, dass die Leerstelle fehlender Argumente durch die Sprache der Macht überdeckt wird. An die Stelle der Logik tritt nur allzu oft das *argumentum ad hominem*, die Verdächtigung. Nicht zufällig geht die Krise Europas einher mit der Entchristlichung. Die Verachtung der Religion Europas resultiert aus dem Überdruss an der eigenen Kultur und kann daher als Dekadenzphänomen beschrieben werden.

Als der Reichstag in Augsburg 1530 über die Religion ver-
handelte und die Sache der Protestanten Philipp Melanchthon
verfocht, saß Martin Luther in der äußersten, der Reichsstadt
am nächsten liegenden Ecke Kursachsens, auf der Veste Coburg,
weil ihn die Reichsacht an der Teilnahme hinderte. Vom Ho-
heitsgebiet seines Kurfürsten aus, auf dem der Reformator in
Sicherheit war, verfolgte er, angewiesen auf Nachrichten, die
Melanchthon via Boten schickte, den Gang der Gespräche,
ohne Möglichkeit, anders als durch unsichere Episteln mit-
zuwirken. Ihn beschlich das Gefühl, ein Rufer in der Wüste zu
sein. In der gegenwärtigen Situation, in der nicht weniger bedeutende Entscheidungen für die Zukunft Deutschlands gefällt
werden, entsteht der Eindruck, als befänden sich die Bürger
dieses Landes in Luthers Situation und schauten mit großen,
immer ungläubigeren und erstaunten Augen auf das Kanzler-
amt. Zur Untätigkeit verdammt, häufig zornig oder nieder-
geschlagen, rang Martin Luther in diesen Tagen des Jahres
1530 mit seinem Seelenfrieden, indem er unter dem Titel *Das
schöne Confitemi* eine kleine Schrift verfasste, in der er den
Psalm 118, »*Confitemini domino*«, auslegte, die als Martin Luthers gesellschaftsphilosophisches Credo gelten darf. Über die
Stellung des Christentums in seiner Zeit schrieb er: »Die Römer
hatten alle Götter der Welt, etliche hunderte, die konnten sie
ertragen, aber den einzigen Christus, den konnten sie nicht ertragen, gleich wie jetzt. All die Lehre der Mönche und Pfaffen,
wie schädlich sie gewesen sind, ob sie gleich alle Welt bis aufs
Mark geschunden, dazu Leib und Seele geplagt und gemartert
haben, dennoch hat man es alles vor sich gehen lassen. Nun
aber das Wort Gottes kommt und lauter Frieden und Gnaden
lehret, dazu von ihrer Schinderei erlöst, da muss sich jedermann sich dran hängen, es lästern und verfolgen.« Der Reformator wunderte sich, mit welchem Hass sein Glaube verfolgt
wurde: »Alle anderen Lehren und Götter kann man leiden, sodass kein Volk noch Land sich dawider auflehnt; allein wenn

Gottes Wort kommt, da ist alle Welt zum Widerstand bereit, da erhebt sich Toben und Wüten an allen Enden ...«[154] Die Feindschaft oder Herablassung dem Christentum gegenüber indiziert die Selbstverachtung unserer Kultur. Dieser Selbstverachtung wohnt jedoch ein Moment des Christentums selbst inne: die Eitelkeit der Zerknirschung, das Prahlen mit der Buße, die Selbsterhebung durch die Selbstdemütigung, oder modern ausgedrückt: die Lust, sich erhabene Gefühle zu verschaffen. Ein bis in den Paroxysmus getriebener Wille zum Ablass. »Die Heuchler im Papsttum mit ihrer falschen lästerlichen Demut rühmen sich als Sünder, wollen nicht heilig heißen, und rühmen gleichwohl ihre Stände, Orden, Regel und Leben als heilig, geben auch ihre Werke als Heiligtum aus.« Gegen diese heuchlerische, falsche Demut, die Heinrich Heine in den schönen Vers brachte: »Ich weiß, sie tranken heimlich Wein und predigten öffentlich Wasser«[155], zog Martin Luther zu Felde, denn ihm ging es nicht um den Devoten und auch nicht um den Heuchler, nicht um den Pharisäer und nicht um den Verantwortungslosen, sondern um den Christen, der aufrecht, wahrhaftig, frei und verantwortlich handelt und der schon deshalb gerecht und heilig ist, weil er ein Christ ist, weil er mit anderen Christen die heilige christliche Kirche bildet und ihn niemand anders als Christus selbst dazu ermächtigt hat. Das zu leugnen bedeutet für Martin Luther, Christus zu verhöhnen. Wer sich nicht dazu bekennt, heilig und gerecht zu sein, der sagt eigentlich, er »glaube auch nicht an Christus, glaube auch nicht, dass Christus für mich gestorben sei, glaube auch nicht, dass er meine Sünde getragen hat, glaube nicht, dass sein Blut mich gereinigt habe ... kurzum, ich glaube kein Wort von dem, was Gott von Christus bezeugt und die ganze Schrift sagt.«[156] In der Taufe, die jedem frei und offen steht, wird der Bund mit Christus geschlossen und der Mensch gerechtfertigt. »Aber weil wir getauft sind und an Christus glauben, so sind wir in Christus und mit Christus heilig und gerecht, der unsere Sünde von uns genommen und uns mit seiner Heiligkeit begnadet, bekleidet und geziert hat. So ist die ganze christliche Kirche heilig, nicht in sich selbst, noch durch ihr eigen Werk, sondern in Christus und durch Christus.«[157] Plötzlich hat sich Europa, hat sich Deutschland par ordre du mufti zu verändern, scheinen das Christentum und im zweiten Schritt die Aufklärung überholt zu sein. Die von einigen so ersehnte wie inhaltlich nicht näher definierte Veränderung läuft auf die Schleifung europäischer Werte hinaus, deren Berechtigung täglich neu ausgehandelt werden müssten. Ganz gleich, ob man sich als Christ oder Agnostiker empfindet, ist man historisch, was man ist, durch das Christentum. Verleugnet man Europas Religion, die seinen Cortex bildet, verliert man dadurch Europa. Nicht Brüssel ist Europa, sondern die Deklaration der Menschenrechte: Freiheit, Gleichheit, Brüderlichkeit – und alles, was daraus resultiert, von der Freizügigkeit bis zur Meinungsfreiheit. Oder, wie Luther sagt: Christen sind Brüder.

Wo wir durch historischen Revisionismus enden, ist nicht absehbar, wo wir aber herkommen, was wir sind und was wir verlieren, kann hingegen klar benannt werden. Vergewissern wir uns: Mit dem Übergang vom Mittelalter zur Neuzeit bekommt die europäische Entwicklung ihre einzigartige Richtung durch den Humanismus und später durch die Aufklärung. Sie führte zu unserem Wohlstand. Ohne Humanismus und Aufklärung würde unsere moderne Gesellschaft nicht existieren. Die enorme wissenschaftliche, wirtschaftliche und technische Entwicklung setzte die Aufklärung frei. Während diese aus dem Humanismus und dem Protestantismus hervorging, findet sich der Grund des Humanismus als Welt- und Wissenschaftsauffassung ebenfalls im Christentum. Dieses Paradigma endet nun, die Vorstellung vom unbegrenzten Fortschritt und vom immerwährenden Wachstum wird problematisch, dennoch ließe sich der große gesellschaftliche Umbruch durch Kontinuität und ein neues Denken, das sich den großen Bögen der europäischen Geschichte verpflichtet weiß, gestalten. Im Übrigen hat uns das Christentum bereits sicher durch zwei große Paradigmenwechsel begleitet und schuf dadurch die dringend benötigte Kontinuität im Wandel: einmal von der Spätantike zum Mittelalter und später vom Mittelalter zur Neuzeit. Das Kommende darf des Alten nicht entbehren. Der Humanismus und die Aufklärung wurzeln im Christentum. Will man in Europa erfolgreich diesen Weg fortsetzen, wird man Christentum und Aufklärung neu entdecken müssen. Das bedeutet aber, konsequent vom Menschen, vom freien Christenmenschen aus zu denken. Es kann nicht im Interesse der Bürger dieses Landes liegen, dass Deutschland in zwei Dezennien ein gescheiterter Staat ist. In der Renaissance finden sich Ansätze eines alternativen Modells, die der Siegeszug des Rationalismus beiseite schob. Was man heute mit Blick auf die Renaissancephilosophie verächtlich Synkretismus nennt, lebte aus einer immensen Neugier, aus einer Offenheit heraus. Im Zentrum dieser Entwicklung stand der Mensch, das Universalgenie, der Renaissancemagier, als deren letzte Issac Newton[158] und Gottfried Wilhelm Leibniz in die Geschichte eingingen. Neugier bedeutet hier auch eine Offenheit für viele Ansätze, die einem Universalismus entsprang, dem es spielerisch leicht gelang, die Unterschiedlichkeit der Methoden, der Vorstellungen, des Denkens und des Glaubens als Weltweisheit zu integrieren.

Bleiben wir kurz beim Glauben. Auch wenn mich zu Recht alle Fachtheologen eines Besseren belehren würden, finde ich in dem sprachlichen Bild Jesu: »In meines Vaters Hause sind viele Wohnungen« (Johannes 14,2) Lessings Ringparabel formuliert. Es gibt viele Wege zu Gott. Der Mensch darf sich nicht anmaßen, nur einen für den richtigen zu halten, dann lästert er Gott, weil er ihn kleinmacht und schulmeistert. Im universellen Hochmittelalter, aus dem die Renaissance erwuchs, suchten Juden, Christen und Muslime nach der einen, alle verbindenden Religion, die sie die Religion der Liebe nannten. Es bildete sich sogar ein Geheimbund, die *fedeli d'amore*, die Gefährten der Liebe, zu der auch Dante Alighieri gehörte. Der andalusische Mystiker Ibn Arabi, der auch der größte Meister (as Shaikh-al-Akbar) genannt wurde, dichtete in diesem Sinn: »Mein Herz hat angenommen jegliche Gestalt:/für die Gazellen Weideplatz, für Mönche Kloster,/den Götzen Tempelbau, dem Pilgerkreis die Kaaba,/Schrifttafeln für die Thora, Seiten dem Koran:/Mein Glaube ist die Liebe: wo die Karawane/auch hinziehen mag, ist Liebe meine Religion.«[159] Hier läge auch der Schlüssel zu einem produktiven Religionsgespräch, wenn der Islam seine eigene große Geschichte annähme und sie nicht im Wahabitismus und im Salafismus verketzern und verleugnen würde. Liebe zu Gott ist der ganze Glaube, der nicht an die Äußerlichkeiten der Religionsinstitutionen gebunden ist. Ob es die Gazelle ist, die als Sinnbild der Schönheit, aber auch für die Geliebte steht, deren Weideplatz des Dichters Herz ist, ob es als Kloster für den christlichen Mönch dient, als Tempel den Götzendiener einlädt, die Tafeln oder Seiten der jüdischen Thora oder des muslimischen Korans bildet – das Herz als Ort der Liebe und des Glaubens steht jeglichem Gläubigen offen, dem Juden, Christen, Muslim, dem Heiden, aber vor allem dem, der die Schönheit sucht und nur der Angebeteten nahezukommen wünscht. Der bedeutende Renaissancephilosoph Giovanni Pico della Mirandola schließt im Grunde an diese Gedanken an. Nach Epiphania 1487 wollte er in Anwesenheit des Papstes Innozenz VIII. (1432–1492) und des Kardinalskollegiums einen Kongress europäischer Gelehrter eröffnen, die er auf seine Kosten nach Rom eingeladen hatte. Giovanni Pico della Mirandola hatte sich kein geringeres Ziel gesetzt, als die Meinungsverschiedenheiten der Philosophen und Theologen über die Schöpfung und den Glauben beizulegen und zu einer einheitlichen Sicht zu kommen, zu einer großen Synthese, zu einer einzigen Religion. Als Grundlage der Diskussion hatte Pico die gewaltige Zahl von 900 Thesen verfasst. Die Zahl 9 symbolisierte die *ani-*

ma in se ipsam recurrens (die in sich selbst zurückkehrende
Seele), denn sie bestand aus 3 mal 3, die Trinität, die in Erscheinung trat und wieder in die Verborgenheit zurückkehrte. Es
hätten auch 9 oder 90 Thesen sein können, wenn er nicht diese
Anzahl benötigt hätte, um der Diskussion den notwendigen
Boden zu bereiten. Das Thesenwerk bildet zwei unterschiedliche Teile. Die Thesen beschäftigten sich mit den Anschauungen
erstens scholastischer Philosophen wie Albertus Magnus und
Thomas von Aquin, der maßgeblichen theologischen Autorität
des Hochmittelalters, zweitens muslimischer Philosophen wie
Ibn Sina (Avicenna) und Ibn Ruschd (Averroes), der seinerzeit
mit dem jungen Ibn Arabi diskutiert hatte, drittens der heidnischen, griechischen Philosophen, dem im Mittelalter berühmten Aristoteliker Simplikios, den Neuplatonikern Iamblichos
von Chalkis, Plotin, Proklos und dem mystischen Philosophen
Pythagoras. Auch die Schriften des Hermes Trismegistos kamen
zur Sprache und schließlich die Kabbala selbst. Er vertrat die
Ansicht, dass alle Theologien, die jüdische wie auch die muslimische, selbst die Konzepte der heidnischen Philosophen, letzt-
endlich vom christlichen Gott sprechen, freilich in ihrer Sprache. Deshalb riet er nachdrücklich dazu, sie alle anzuhören,
diese Anschauungen nicht zu verdammen, sondern ihnen ge-
duldig zuzuhören, weil sie auf ihre eigene Weise von Gott sprä-
chen. Nicht aus christlicher Sicht blickt er auf andere Religionen und pagane Philosophien, sondern – und das ist das
atemberaubend Neue –, er richtet seinen Blick von den Vorstellungen anderer Religionen und Philosophien aus auf das Christentum als die Form, in der alles, was gedacht worden war, Platz
und Funktion findet. Das Christentum wird ausgeweitet zu einer universalen Religion, zur Religion der Liebe schlechthin.
Was Pico plante, war nichts Geringeres als die Öffnung des
Christentums für die anderen Religionen. Diese Idee der Universalität, die gegen das moderne Expertentum, deren Expertise
immer geringer und schmaler wird, steht, wächst in unserer

Zeit eine enorme Bedeutung zu, weil sie das Denken in Zusammenhängen lehrt, damit man wieder den Wald vor Bäumen sieht. Es geht letztlich darum, dass der Mensch weder im Internet noch in der Politik, noch im Denken, im Forschen und im privatem Leben zur Monade verkümmert und begrenzt und vereinzelt wird, sondern als *Zoon Politikon* lebt, in der Freiheit eines Christenmenschen. Die Lebensweise des freien Christenmenschen, so wie es bisher beschrieben und wie er von Martin Luther definiert wurde, benötigt wie die Luft zum Atmen diese neue Universalität, eine freie, wirklich zwischenmenschliche Kommunikation, eine demokratische Teilhabe in Politik und Wirtschaft. Man muss deshalb nicht in die Kirche gehen, doch der kulturellen Boden ist das Christentum, so wie es Giovanni Pico della Mirandola vor über 500 Jahren bereits konzipiert hatte. Damals begann das Paradigma der Neuzeit, das nun an sein Ende kommt. Unsere Zeit wird von diesem großen Paradigmenwechsel geprägt, der sich über die nächsten 20 bis 30 Jahre erstrecken wird. Um zu verändern, zu entwickeln und zu gestalten, muss das Denken wieder frei werden, indem es die gewohnten Denkwege und -arten abwirft, den Zwang der überlebten Konventionen wie der leeren Dichotomie von Progress und Fortschritt, von politisch links und politisch rechts ablegt, den Fetisch des Wachstums wegwirft, die Einengung des Spezialistentums sprengt und dem Denken Atem verschafft, die Fesseln der Zensur, ob es sich nun um *political correctness* oder *emotional correctness* handelt, durchschneidet und die spießige, tote, dekadente, selbstsüchtige Behaglichkeit eines aggressiven Biedermeiers überwindet, indem es eine neue Universalität entdeckt. Woher aber wollte man den unglaublichen Mut nehmen, vollkommen neu zu denken, nicht den Sirenen des Überwachungskapitalismus zu erliegen, nicht einer EU-Oligarchie zu dienen und nicht einer wirtschaftlichen Enteignung und dem Individualitätsraub tatenlos zuzuschauen? Woher soll also das Rettende für unser beider *patria* kommen, denn wir sind

Bürger Deutschlands und Bürger Europas? Wenn es gelänge, den großen Bogen zum antiken Christentum, zum Uneingelösten der Renaissance und der Reformation, an den Anfang unseres zu Ende gehenden Paradigmas zu schlagen, wüchse aus der Begegnung die Vergewisserung existenzieller Identität und zugleich doch auch eine Katharsis des Denkens. Unser alter Kontinent muss sich wiederfinden, er hat sich zu erneuern und sich zu verjüngen. Not tut, sich auf das zu besinnen, was Europa groß gemacht hat: das Individuum. Nicht die Masse, sondern der Einzelne, jeder Einzelne zählt. »Komm ins Offene, Freund«, hat Friedrich Hölderlin gedichtet. Ins Offene zu kommen, bedeutet zuallererst, die Offenheit der immer notwendiger und dringender werdenden Debatten zuzulassen und zu fördern.

Im krassen Gegensatz zu dieser grundsätzlichen Tatsache steht die Selbstgerechtigkeit, mit der man auf das Christentum herabschaut, eine Selbstgerechtigkeit, die sogar im Rat der EKD Mentalität zu werden scheint. Anstatt die lebendigen Kräfte eines aufgeklärten lutherischen Christentums zu entdecken, gefällt man sich im medial wirksamen Leiden an den »dunklen Seiten« der Reformation. Die Debatte über Martin Luthers vermeintlichen Antisemitismus verstellt den Blick auf die existenzielle Aktualität des Reformators. Diese beginnt bei seiner Entdeckung des Ichs, wo gerade heute das Ich in der Digitalisierung zu verschwinden droht, bei seinem Freiheitsbegriff, der die Freiheit zur Verantwortung und zum Gewissen ins Verhältnis setzt, zur Gerechtigkeit, zu Werten und Bildung, zur Schuldfähigkeit und zur Wirtschaft. Luther sprach eben nicht von der EKD, sondern von allen Christen, wenn er Petrus zitierte: »Ihr aber seid das auserwählte Geschlecht, die königliche Priesterschaft ...« Die Lutherehrung, die sich immer mehr in ein Luther-Bashing zu verwandeln scheint, verdeutlicht, dass die EKD linksprotestantisch geführt wird. Und die Synode im November 2015 in Bremen hat es in deprimierender Weise bestätigt. In einem Wort zusammengefasst: Politik statt Religion. Dabei lautet doch ein grundsätzliches Postulat der Aufklärung, dass eine politische oder politisierende Religion abzulehnen sei. Das Gegenteil geschieht, die Religion verschwindet in der Politik. Es beginnt dabei, dass das Amt des Ratsvorsitzenden der EKD schon seit Längerem ein Parteiamt der SPD zu sein scheint. Mit der Synode sieht es nicht besser aus, deren Präsidenten spätestens seit 1985 Parteipolitiker waren. Wo politischer Profilierungswille herrscht, wird der Glaube verachtet und zum Karrieresprungbrett erniedrigt. Würde es nur um die EKD gehen, lohnte der Aufwand nicht. Denn für einen Christen in Martin Luthers Nachfolge ist die Kirche zwar ein hilfreiches, aber kein glaubensnotwendiges Institut.[160] Es geht nur im kleineren Maß um die Kirche, im größeren aber um die Gesellschaft. Der Linksprotestantismus des Apparates der Evangelischen Kirche ist ein Ärgernis, wie es die Lutherische Orthodoxie des ausgehenden 16. und beginnenden 17. Jahrhunderts war, er bildet die neue Orthodoxie, die es um des Glaubens willen zu überwinden gilt. Dabei hatte Martin Luther stets die Politisierung der Religion wie die Konfessionalisierung der Politik abgelehnt, denn die Religion ist eine Sache des Glaubens, des Einzelnen, so wie die Politik eine Angelegenheit zweckmäßiger Verwaltung, der Allgemeinheit ist. Und die Zwecke, für die eben die Verwaltung arbeitet, hat der Bürger zu bestimmen. Eine neue Reformation müsste sich erstens gegen die Politisierung der Religion wenden und zweitens die Konzentration auf den Glauben befördern. Sie müsste einem behäbigen Apparat Beine machen und eitle Amtsträger nicht länger alimentieren. Vor allem ist es notwendig, dass die Evangelische Kirche sich von jeglicher politischer Betätigung verabschiedet – denn dafür gibt es in unserer Demokratie Parteien – und in aller Bescheidenheit den Glauben in den Mittelpunkt ihrer Arbeit stellt, was bedeutet, sich auf die sechs wesentlichen Felder zu beschränken und vor allem zu konzentrieren: Gottesdienst, Bibelstudium,

Diakonie, Seelsorge, Bildung und Mission, wenn sie denn wirklich Herzenskirche anstatt Mauerkirche sein will. »Denn es ist und kann niemand in der Christengemeinde oder ein Glied der Christenheit sein, er sei denn recht gläubig, das ist gerecht und heilig, wie der Artikel des Glaubens bezeugt: ›Ich glaube eine heilige christliche Kirche‹.«[161] Im Apostolischen Glaubensbekenntnis heißt es: »Ich glaube an den Heiligen Geist,/die heilige christliche Kirche,/Gemeinschaft der Heiligen«. Die Kirche wird definiert als Gemeinschaft der Heiligen, und die Heiligen sind diejenigen, denen durch die Taufe das Heil versprochen ist, all jene, die mit Christus im Bunde stehen. Und es wäre doch schon viel erreicht, wenn all jene, die mit Christus im Bunde stehen, sich in der Gemeinschaft der Heiligen in der Kirche finden und das, was sie dort empfangen haben an Reinigung, denn jeder gute Gottesdienst hat auch eine eminent kathartische Funktion und Wirkung, an Stärkung und an Glaubenskraft mit in die Welt hinaus nehmen. Auch so kommt Gott in die Welt. Die Trennung von Staat und Kirche gehört für die Christen zu einem hohen Gut, das sie beschützen und nicht selbst faktisch kassieren sollten, indem man in der Kirche statt zu predigen politische Reden hält. Wer den Geist des Schismas in den Gottesdienst trägt, handelt nicht geistlich, sondern weltlich. Es heißt ja auch Gottesdienst und nicht Weltdienst.

Die Reformation der Gesellschaft hingegen müsste die Parteienoligarchie und ihre säkularen Glaubensbekenntnisse, sprich Ideologien, angehen, die unserer Zeit hinterherhinken. Die deutsche Demokratie leidet an der Arteriosklerose der Parteien. Ein Grund hierfür besteht, wie bereits erwähnt wurde, in der allzu langen personellen Kontinuität. Einst als Orte der politischen Willensbildung gedacht, haben sich die Parteien in Machterhaltungsapparate ohne Innovationskraft verwandelt, die keine Ideen hervorzubringen scheinen. Macht und Postenerwerb avancieren zum Hauptzweck, politische Diskussionen und demokratische Mitwirkung verkümmern. Angehörige freier Berufe, Selbstständige, können sich kaum für ein Mandat bewerben, weil allein der zeitliche Aufwand des Wahlkampfes sie wirtschaftlich ruinieren würde, denn all jene werden im Gegensatz zu Partei- oder Staatsangestellten für den Wahlkampf nicht freigestellt oder können sich diese Freistellung nicht erlauben. Das führt zu einer erheblichen Verzerrung der sozialen Zusammensetzung des Bundestages. Die Verzerrung ist gewollt, weil sie den Parteien ungeheure Macht bei der Auswahl und Aufstellung von Kandidaten gibt. Der freie Abgeordnete wird so zum Parteiangestellten, der, dem Fraktionszwang folgend, den Vorgaben der Fraktionsführung zustimmt. Das führt dazu, dass bei der Abstimmung, beispielsweise über den ESM, nur sehr wenige Abgeordnete den im spitzfindigen Juristenenglisch verfassten Vertragstext überhaupt verstanden haben, gleichzeitig aber alle – auch die, die ihn nicht verstanden haben – eine epochale Entscheidung fällen, die Auswirkung auf das Leben der nächsten Generationen von Deutschen hat. In diesem Fall war der Abgeordnete nicht seinem Gewissen, sondern seiner Fraktion verpflichtet. Dass die Abgeordneten sich nicht weigerten abzustimmen, bevor nicht eine verlässliche Übersetzung des Vertragstextes vorlag und eine gründliche Prüfung und Aussprache stattgefunden hat, sondern dieser Vertrag in drei Tagen durch den Bundestag gepeitscht wurde, belegt den Mangel an freier Entscheidung und die praktische Missachtung des Repräsentationsprinzips. Deshalb muss eine breite Debatte über die europäische Zusammenarbeit geführt werden, darüber, wie man sich Europa in Zukunft vorstellt, anstatt dass unablässig in kleinen, teils demokratisch noch nicht einmal legitimierten Kreisen Fakten mit größten und weitreichendsten Folgen geschaffen werden. Ein Weg für das Führen der Debatte besteht im Wettbewerb der Ideen, wie er komplementär zum Repräsentationsprinzip durch die Stärkung plebiszitärer Elemente belebt werden kann. Es empfiehlt sich, als Regel aufzustellen, dass so wenig wie möglich in Brüssel und so viel als möglich in den Ländern und Regionen entschieden wird. Der Vereinheitlichung muss die Lust an der Vielfalt entgegenstehen, denn Europas Stärke besteht eben in seiner Vielfalt, seinem Facettenreichtum, seiner Unterschiedlichkeit auf dem Boden seiner gemeinsamen Kultur und des Christentums. Die Un-Gleichheit, die Vielfalt bringt die Dynamik hervor. Europas Eigenart würde eher eine Föderation europäischer Länder als den Vereinigten Staaten von Europa entsprechen. Es ist ratsam, sich an das Konzept von Charles de Gaulle vom »Europa der Vaterländer« zu erinnern. Nimmt man nur einmal die Untergangsszenarien der letzten Zeit: scheitert der Euro, scheitert Europa; scheitert Schengen, scheitert der Euro, scheitert Europa, dann wird das Lebensferne, das Lebensuntüchtige der Brüsseler Konstruktion deutlich, die Europa schweren Schaden zufügt, neuen Nationalismus und neuen Hass hervorbringt, eine Zwietracht, die man längst hinter sich gelassen zu haben glaubte, belebt. Man vermisst in den Reden der verantwortlichen Politiker den Menschen. Wenn Europa am Geld, also am Euro scheitert, wenn es also nicht mehr ist als eine Gemeinschaftswährung, ein Verbund von Zentralbanken, was ist es dann eigentlich? Europa scheitert, wenn die Menschen in Europa nicht mit Neugier und mit gegenseitiger Achtung zusammenkommen. Fassen wir den Mut, uns einzugestehen, dass der Euro ein Irrweg war, denken wir beherzt die europäische Integration neu, weniger von der Wirtschaft, sondern vor allem vom Menschen aus, von seiner Kultur, von seiner Geschichte, von den Gemeinsamkeiten aus, anstatt sie bürokratisch zu verordnen. Dass Brüssel Gemeinsamkeit mit Einheitlichkeit verwechselt, ist symptomatisch. Nichts, so lehrt es die Geschichte, ist alternativlos, nichts muss bleiben, wie es war, alles ändert sich und alles kann verändert werden. *Panta rhei*, sagt der griechische Philosoph, man kann nicht zweimal im selben Fluss baden. Öffnen wir die Türen, reduzieren wir die Bürokratie, kommen wir doch ins Offene und schaffen wir ein modernes und atmendes Europa. Eine Reform, eine Reformation wäre nur für die aufgeblähte Brüsseler Bürokratie ein Verlust, für die Völker Europas hingegen ein Gewinn.

Der Grund für diese Fehlentwicklung liegt neben den Interessen der Macht und des Geldes vor allem darin, dass sich Europas Eliten vom historischen Denken verabschiedet haben. Statt Geschichtswissenschaft als Aktualisierung historischer Erfahrungen und Zusammenhänge und der politischen Philosophie, wie sie das europäische Denken von Platon über Machiavelli bis Popper geprägt hat, wird sogenannte Politikwissenschaft betrieben. Der Grund für die Europapolitik der politischen Elite ist nicht allein in der deutschen Geschichte zu suchen, die dieses Handeln als »alternativlos« erscheinen lässt, er findet sich vor allem in einem Traum, den die deutschen Eliten parteiübergreifend träumen, und den Heinrich August Winkler zu Papier gebracht hat. Man möchte ihn angesichts der Tatsachen fast einen romantischen Traum nennen. Winklers Buch *Der lange Weg nach Westen* ist die Bibel der deutschen Politik geworden. Gerhard Schröder hat das Werk in jeder Hinsicht beeindruckt. Weil es Geschichte »als Vermächtnis und als Verpflichtung zur Gestaltung von Gegenwart und Zukunft« begreift, ist es »für Politiker so wertvoll«, wie die Verlagswerbung verkündet. Was aber hat Gerhard Schröder aus dem Buch gelernt? Unter Schröders Ägide wurde entgegen aller Warnungen Griechenland in den Euro-Raum aufgenommen. Die Folgen sind bekannt. Wolfgang Schäuble sekundiert laut Verlag Gerhard Schröder: »Wer Deutschland am Beginn des neuen Jahrhunderts verstehen will und wer Antworten sucht, welchen Weg das vereinte Deutschland in die europäische Zukunft wählen sollte, der darf auf Heinrich August Winklers Werk nicht verzichten.« Deutschlands Geschichte der neueren Zeit als langen Weg nach Westen zu verstehen, ist letztlich eine ideologische Konstruktion, die historische Fakten einem Wunsch gemäß auswählt und ordnet, es ist eine Darstellung, die eine wirkmächtige Illusion erzeugt hat. Winklers Buch hat seiner Konstruktion zuliebe das Erbe eines Jahrtausends verschenkt, es hat das muslimische und das christliche Erbe vergessen zugunsten eines ominösen Wegs nach Westen. Der Westen, wenn man in ihm als Subjekt nicht einzig und allein die USA sehen will, wird als normatives Projekt verstanden, als ein reines Geistprodukt, dem, wie die Theologen sagen würden, der »Sitz im Leben« fehlt, eine Folge – um die Künstlichkeit zu mehren – des Habermasschen Verfassungspatriotismus. Bei Licht besehen, mag man unter der Draperie Hegels Weltgeist erkennen, der, man weiß nicht wieso, angeblich durch die Geschichte wankt. Hierin liegt ein tragischer, historischer Irrtum. Das vergessene Erbe des Islam kommt bei Winkler genauso wenig vor wie die Entsorgung der Renaissance als alternativer Weg durch den europäischen Rationalismus, weil der Zielpunkt des Buches die westliche Demokratie als Höhepunkt der Weltgeschichte definiert – eine, gelinde gesagt, staatsphilosophisch sehr verkürzte Sichtweise. Allerdings mag es die Sache des Politikers sein, einen erreichten Zustand als Höhepunkt oder normativ als »Ende der Geschichte« zu preisen, der Historiker muss hier aufgrund seiner Erfahrung mit den Wechselfällen der Geschichte weitaus vorsichtiger vorgehen. Lineare Betrachtungen mit Ziel- oder »Fluchtpunkten« verbieten sich von selbst. Ein historischer, ein genuiner oder geradezu archäologischer Blick, beispielsweise auf die Entwicklung der Banken, der Finanzprodukte, entzaubert die heute bewusst kompliziert gehaltene Darstellung der Finanzpolitik, denn die komplexen Finanzprodukte sollen nur ihren Zweck verschleiern – und das gelingt ihnen bravourös. Wenn dadurch nicht nur Einzelpersonen, die sich verspekulierten, sondern Kommunen getäuscht werden, bekommt die gesamte Problematik allerdings eine drängende politische Dimension.

Nicht ein Europa der Enteignung und der Bereicherung, nicht ein Europa, in dem man Feindschaft zwischen der deutschen und der griechischen Krankenschwester sät, ist der Weg, der zu einem wirklich vereinten Kontinent führt. Er führt auch nicht über den Zentralismus, sondern über den Regionalismus. Übrigens war es auch der Regionalismus, der Europa in der Geschichte groß gemacht hat und dem wir unsere Entwicklung und Errungenschaften zu verdanken haben. Jeder Versuch der Zentralisierung, des Strebens nach universellen Herrschaften hatte in der europäischen wie in der deutschen Geschichte Katastrophen zur Folge. Es geht mir nicht darum, den tausend Apokalypsen eine weitere hinzuzufügen, das Scheitern zu besingen und die Ängste zu schüren, sondern um ein Plädoyer für ein alternatives Denken, einen alternativen Weg, der nicht zur Herrschaft kleiner Eliten, nicht zur Ausbeutung großer Teile der Bevölkerung, die man in eine »Schuldknechtschaft« (Stieglitz) zwingt, nicht zur Zerstörung des Mittelstandes, nicht zu Vernichtung der Umwelt zugunsten mächtiger Lebensmittelkonzerne, nicht zur Kontrolle und Manipulation führt. Es geht auch nicht um einen Weg, der in einen oligarchisch beherrschten Zentralstaat führt, sondern um einen, der sehr praktisch von den prägenden Werten Europas – Demokratie, Recht auf Individualität und Transparenz und Bürger- und Menschenrechte – ausgeht und ein prosperierendes, weil regionalisiertes Europa zur Folge hat, in dem die Bürger Europas Mitsprache haben und die Prinzipien der Verantwortung und der Teilhabe gelten, zugleich aber auch der Überschaubarkeit und der Überprüfbarkeit.

Kapitel 14

Es lohnt sich, nicht feige zu sein

So gewinnt in dieser Zeit das kooperative oder Genossenschaftssystem wirtschaftlich größere Bedeutung. Noch kaum begriffen, eröffnen gerade die technischen und kommunikativen Neuerungen wie das Internet der kooperativen Wirtschaft völlig neue Spielräume und könnten zu einem Comeback führen. Übrigens widerstanden gerade die Genossenschaften der Weimarer Republik am längsten der Einflussnahme der Nationalsozialisten, die sie dann freilich mittels der Durchsetzung großer (zentralistischer) Strukturen zerstörten. Und nicht nur dies, sie waren auch die Unternehmen, die am besten durch die große Weltwirtschaftskrise von 1929 kamen. Hier spricht die Geschichte eine klare, faszinierende, erhellende und unmissverständliche Sprache. Es ist dem Historiker der Genossenschaftsbewegung, Rüdiger Hachtmann, zuzustimmen, wenn er schreibt: »Obwohl der marktradikale, durch Finanzspekulationen überwucherte Kapitalismus heute in eine tiefe Krise geraten ist, erscheint er ›alternativlos‹. Wirtschaftliche und gesellschaftliche Alternativen jenseits von Neoliberalismus und staatlicher Kommandowirtschaft, wie sie das basisnahe Genossenschaftswesen bis 1933 verkörpert hat, sind verschüttet.«[162] Verschüttet heißt aber nicht verloren. Die Mühe, aus dieser Geschichte zu lernen, würde reiche Früchte bringen, weil sie zu einer menschlichen und europäischen Alternative beitrüge.

Ein Weiteres: Das Recht auf Individualität wird gegenstandslos gemacht durch die Digitalisierung des Menschen, durch die Domestikation des Bürgers zur Humanschnittstelle. So kann das als Ort der Freiheit gepriesene Internet zum Archipel Gulag des 21. Jahrhunderts werden. Vor unseren Augen entstünde eine neue Sklaverei. Das Internet ließe sich hingegen auch sehr produktiv nutzten, wenn der Mensch nicht digitalisiert wird, wenn der analoge Mensch das Internet als Werkzeug gebraucht. Auch hierfür findet sich die Grundlage in der Frage der Demokratie und des Schutzes der Individualität. Ein deutsches Google, ein deutsches Facebook, ein deutsches YouTube, ein deutsches Internet als Vorstufe zu einem europäischen, das nicht dem Profit, sondern der Allgemeinheit verpflichtet ist, stünde am Anfang dieses Weges in die digitale Freiheit. Suchmaschinen und soziale Medien müssten wie der öffentliche Nahverkehr zu öffentlich-rechtlichen Angelegenheiten werden, weil sie im Grunde heute schon zur Daseinsfürsorge wie Wasser und Strom gehören. Sie stellen die Grundversorgung sicher. Um nicht vom Regen in die Traufe zu stolpern, vom allmächtigen Konzern zum allmächtigen Staat, könnten auf regionaler Grundlage kooperative oder genossenschaftliche Wirtschaftsformen gefunden werden, die als Elemente einer Wirtschaftsdemokratie die politische Demokratie vervollständigen.

Mittelfristig wird die Konzentration auf den Export und die Autoindustrie Deutschland in eine schwere Wirtschaftskrise stürzen, deshalb benötigt das Land im Sinne Luthers, der vom Menschen ausgeht, eine aktive Wirtschaftspolitik, die den Binnenmarkt stärkt und die kooperative Wirtschaftsformen und mittelständische Formen fördert. Der verantwortliche Unternehmer, die verantwortlichen Genossenschafter werden zum Wohl der eigenen Firma oder Genossenschaft wirtschaftlich handeln. Wissenschaftlich-technische Innovationen verringern die Rohstoffabhängigkeit und den Bedarf an Arbeitskräften. Der Trend, dass immer weniger Menschen immer mehr produzieren, hält bereits so lange an, dass die Einwanderungspolitik der Bundesregierung mit Blick auf den Arbeitsmarkt wie aus dem 19. Jahrhundert entlehnt wirkt.[163] Hinzu kommt, dass selbst Ökonomen heute bereits vom Ende der Globalisierung sprechen. Wie für historische Wellenbewegungen typisch, wird die Globalisierung durch eine neue Regionalisierung abgelöst. Deshalb kommt auch der von der Regierung sträflich vernachlässigten Bildung künftig die Schlüsselrolle zu. Deutschland wird nur als Land hoher wissenschaftlich-technischer Innovation überleben können – und diese Frage entscheidet sich jetzt. Auf kooperativer Grundlage lassen sich Forschungs- und Technologieverbünde schaffen. Auch deshalb sind die TTIP-Verhandlungen abzubrechen, weil sie die großen Konzerne begünstigen.

Gesunde Ernährung, keine Massentierhaltung, moderne Landwirtschaftsbetriebe, entweder unternehmergeführt oder als Kooperative betrieben, Leben also im Einklang mit der Natur, resultiert letztlich aus Luthers Vorstellung von der Verantwortung des Menschen für die Schöpfung. In Berlin gibt es ein Netz von Bioläden, das unter dem Namen LPG als kooperatives Unternehmen betrieben wird. Kunden werden durch ihren Beitrag LPG-Mitglieder. Mit den Beitragsgeldern kann die Handelskooperative kreditfrei und preiswerter einkaufen, was auch dem Erzeuger zugute kommt. Die gewährten Rabatte bzw. Einsparungen bei den Kreditierungen, die nur die Bank reich machen, gibt nun die LPG an ihre Mitglieder weiter, die weniger zahlen. Die Waren sind mit dem Normalpreis und dem spürbar günstigeren Mitgliederpreis ausgezeichnet. So haben alle etwas davon, alle, mit Ausnahme der Banken.

Aktive Wirtschaftspolitik hat, so wie sie gegen die Internet und Social-media-Konzerne vorgehen muss, die großen Lebensmittelkonzerne anzugehen und nicht die Biovorschriften zu lockern, um dadurch der Industrie die Möglichkeit zu geben, mit niedrigen Kosten eine Art »Bio light« oder Pseudo-Bio anzubieten, um dadurch den wirklichen Biobauern und Bioerzeugern das Leben zu erschweren. Wirtschaftspolitik muss endlich einer Ethik der Verantwortung unterworfen werden. Sie hat eine wichtige Funktion beim Fördern alternativer Wirtschaftsmodelle und bei der Zügelung der Macht der Konzerne – sie hat vom Menschen auszugehen.

Die Eurokrise ist nicht vorbei. Im Gegenteil: Ungebremst frisst sie sich durch den europäischen Organismus und hat Metastasen in allen Organen gebildet. Die politischen Eliten verheimlichen das Ausmaß, teils sehen sie es wirklich nicht, teils wollen sie es nicht sehen und hoffen, dass eines schönen Tages alle Probleme gelöst sein werden, wenn die Beschwörungen des alternativlosen Europas nur lang genug anhalten. Es wäre ein Segen für Europa, wenn man geeignete Wege beschritte, um den Irrweg des Euros zu verlassen. Er wird die Menschen in Europa ins Unglück stürzen, in Krieg und Hader, in Hass und Zwietracht. Den Irrweg zu verlassen, wird nicht einfach, und es braucht Mut und kühlen Verstand dazu, denn angesichts der Verflechtung stehen – auch und vor allem für Deutschland – große Summen auf dem Spiel. Da man nicht alle Geheimabkommen wie das Anfa-Abkommen kennt, lässt sich das finanzielle Risiko nicht beziffern. Wie kann der Bürger Vertrauen in die Europäische Union gewinnen, wenn überall dort, wo er hinblickt, ihm Geheimnisse, Geheimverhandlungen und Geheimabkommen die Sicht versperren? In der Nacht der sogenannten Griechenlandrettung baten die Regierungschefs der Euro-Zone den Berater des griechischen Premiers Alexis Tsipras Glenn Kim an den Verhandlungstisch, damit er ihnen den griechischen Vorschlag erläuterte. Der Mann, der vorher für Lehman Brothers gearbeitet hatte, war in Brüssel und dem deutschen Finanzminister Wolfgang Schäuble kein Unbekannter: »Als nach Ausbruch der Euro-Krise die Rettungsschirme EFSF und ESM aufgespannt wurden, war Kim als Berater dabei – im Auftrag der staatlichen Deutschen Finanzagentur. Und zuletzt entwickelte er für die isländische Regierung einen Plan, wie die 2008 im Zuge einer Staatspleite verhängte Kapitalverkehrskontrollen wieder abgebaut werden können. Aktuell ist der 52-Jährige als Berater der Regierung von Alexis Tsipras tätig. Nach Information der *Welt am Sonntag* nahm der griechische Premier den amerikanischen Investmentbanker am 12. und 13. Juli sogar mit zum dramatischen Euro-Krisengipfel nach Brüssel.«[164] Die Wall Street scheint in den Verhandlungen zur Griechenlandrettung mit am Tisch zu sitzen. Noch im Juni 2015 hatte die Große Koalition beschlossen, dass Griechenland kein drittes Hilfspaket bekommt[165], einen Monat später wurde alternativlos das 86 Milliarden teure Hilfspaket, an dem Deutschland mit 32 Milliarden Euro beteiligt ist, unter ausdrücklicher Billigung der Bundeskanzlerin und ihres Finanzministers in Brüssel beschlossen. Hinzu kommen die 32 Milliarden Euro, die laut Aussage des Bundes der Steuerzahler bei der EZB an deutschen Geldern noch ›im Feuer‹ stehen«.[166] Es besteht die dringende Notwendigkeit einer Währungsreform, weil die Gefahr einer finanziellen Kernschmelze sich mit jedem Tag erhöht. Hinzu kommt, dass die deutsche Regierung über den ESM, über die Targetsalden, über die enormen Kosten der unkontrollierten Einwanderung, wozu die Milliarden für die Türkei kommen, die 2,3 Milliarden für die Syrienhilfe, die 56 Milliarden Flüchtlingskosten, für die Ukrainehilfe usw. Geld ausgegeben hat bzw. finanzielle Risiken eingegangen ist, die konservativ geschätzt dem Jahreshaushalt der Bundesrepublik inzwischen entsprechen dürften. Es wird zwar behauptet, dass es sich zum größten Teil um Bürgschaften und nicht um reales Geld handele, aber es liegt in der Natur der Bürgschaft, dass sie jederzeit fällig werden kann. Den schätzungsweise eine Milliarde Euro Türkeihilfe, die 2,3 Milliarden Syrienhilfe, die 56 Milliarden Flüchtlingskosten rechnet man ein paar Millionen Euro Frontex hinzu, alles keine Bürgschaften, sondern reales Geld, dann hat man bereits ein Viertel des Bundeshaushaltes erreicht. Man fragt sich, ob der Bundesfinanzminister nicht zusätzliches Personal einstellen muss, um mit den vielen Überweisungen hinterherzukommen.

Wirtschaftlich gesehen war der Kapitalismus noch nie so gefährdet wie heute, denn er wird umgeformt zu einem global ausbeutenden Finanzimperialismus mit scheindemokratischen Strukturen. Die Marktmechanismen werden ausgehebelt. Das simple Prinzip von Angebot und Nachfrage wird bereits verzerrt, wenn eine Nachfrage künstlich mit den Methoden der Indoktrination oder der sozialen Nötigung erzeugt werden kann und Marktteilnehmer dank ihrer Größe und ihrer offenen oder geheimen Verbindungen in die Politik Segmente des Marktes beherrschen und manipulieren können. Das gute alte Europa ist hingegen gar nicht so veraltet und unsexy. Noch vor Jahren wurde der Fortschritt der BRIC-Länder, die uns überflügeln sollten, gepriesen. Diese Länder verheddern sich inzwischen immer stärker in Wirtschaftskrisen. Die Ausbeutung durch das internationale Finanzkapital ließ ihre Entwicklung im allerrosigsten Licht erscheinen. Noch vor nicht allzu langer Zeit wurden Jubelgesänge angestimmt auf das Wirtschaftswunder am Bosporus. Manche wollten gar in der Türkei ein kleinasiatisches China sehen. Inzwischen ist die Bosporusblase geplatzt. Die Anleger ziehen weiter. Und auch China ist eine aufstrebende Wirtschaftsnation auf tönernen Füßen. In Wahrheit resultiert die ökonomische Entwicklung aus einer gefährlichen Zuspitzung innerer Widersprüche. Die USA, die nach dem ersten Weltkrieg zur führenden Macht in der Welt aufstiegen, haben wirtschaftlich und politisch ihren Zenit längst überschritten. Die Welt befreit sich zunehmend von ihrer Hegemonie. Das führt auch zu unerwünschten Verwerfungen. Aber die Geschichte ist erstens keine Rosinenpickerei und zweitens hat Europa alle Trümpfe in der Hand – und auch Deutschland, wenn es sich endlich seiner Kräfte bewusst wird. Unser alter Kontinent besitzt gerade auch durch seinen Widerstand gegen zentralisierte Strukturen ein ungeheures Kreativpotenzial, das sich aus seiner vielfältigen Geschichte, aus dem Zusammenwirken von griechischer Philosophie, jüdischer, christlicher und muslimischer Religion und der Aufklärung speist. Es bleibt dabei: Europas Stärke ist das freie Individuum, und auf das freie Individuum oder den freien Christenmenschen wird es ankommen.

Ich fahre seit Längerem ohne Navigationssystem, weil ich meinen Weg selbst bestimmen und wissen will, wo ich bin, den Namen von Straßen und Plätzen kennen möchte, die ich passiere, und nicht ein Anhängsel einer effizienten Orientierung sein möchte, für das die Welt nur aus Befehlen der Richtungsänderung besteht, aus: »an der nächsten Straße rechts abbiegen« oder »beim nächsten Kreisverkehr die zweite Ausfahrt nehmen«. Wenn die Welt nicht mehr aus Berg und Tal und Ebene, nicht mehr aus Städten und Dörfern, sondern nur aus Rechts- oder Linksabbiegen und die X-te-Ausfahrt-Nehmen besteht, dann hat sie an Charakter und Individualität verloren, dann haben wir an Charakter und Individualität eingebüßt, dann entscheiden wir nicht mehr, dann wird für uns entschieden, ganz gleich, um was es sich handelt: um die Fahrtroute, den Friseur, den wir nehmen, das Restaurant, das wir besuchen, das Schuhgeschäft, in dem wir einkaufen. Für alles gibt es eine sogenannte App, etwas, das uns steuert. Wie sagte vor einiger Zeit ein Bekannter zu mir, der sich seit Jahren auf sein Navigationssystem verlässt: »Ich habe vor Kurzem festgestellt, dass ich die Himmelsrichtungen nicht mehr unterscheiden kann.« Er braucht sie nicht mehr zur Orientierung. Er hat ja ein Navigationssystem oder eben eine App für alles, er hat etwas, das ihn leitet, das ihn orientiert. Amazon hat einen Lautsprecher namens Echo auf den Markt gebracht, der gleichzeitig als Assistent dient. Assistent klingt gut, heißt, dass er bestimmte Befehle, die sein Besitzer erteilt, ausführt. Dazu ist er mit sieben Mikrofonen ausgestattet, die die Befehle seines Besitzers via Internet auf einen Amazonserver weiterleiten. Wie unterscheiden die Mikrofone, was ein Befehl ist und was eine Unterhaltung über die Urlaubsplanung oder über Kontendaten? Mit anderen Worten: Wer diesen Lautsprecher kauft, könnte eventuell in seinen vier Wänden eine Wanze installieren. Angesichts dessen stellt sich die Frage, warum wir uns über die NSA aufregen. Glaubt man wirklich, die Datensammelwut von Amazon, Google, Facebook ist geringer? Fassungslos macht mich, was die Menschen diesen Konzernen an intimsten Daten freiwillig zur Verfügung stellen, womit diese ihre großen Gewinne generieren, für die sie dank Luxemburg, dank Jean-Claude Juncker zumindest hier keine und in Luxemburg kaum Steuern bezahlen. Für diese Firmen ist der Mensch, was für einen Erdölkonzern das Erdöl ist: der lukrative Rohstoff. Selbst unsere leiseste und kleinste Aktivität macht sich für diese Firmen bezahlt. Der Mensch ist also nur noch die Quelle von Datenabgasen. Diese ermöglichen Big Data die Sammlung von Daten, um Denk-, Bewegungs-, Gefühls-, Angst- und Hoffnungsprofile von jedem Menschen zu erstellen, um ihn manipulieren zu können. Um diesen Unternehmen die Arbeit zu erleichtern, tritt die Bundeskanzlerin für die Aufweichung des Datenschutzes ein: »Unser Verhältnis zu Daten ist in vielen Fällen zu stark vom Schutzgedanken geprägt (...) und vielleicht noch nicht ausreichend von dem Gedanken, dass man mithilfe von Daten interessante Produkte entwickeln kann. (...) Deshalb muss das ›Data Mining‹ (...) die Erhebung und der Umgang mit großen Datenmengen, etwas werden, das sozusagen ein Hoffnungssignal sendet.«[167] Orwells 1984 ist gegen unsere Zeit eine freundliche, fast wünschenswerte Utopie vergangener Tage. Weshalb also gieren wir danach, uns freiwillig zu versklaven? Warum ertragen wir die Freiheit nicht? Mit großer Beflissenheit machen wir uns zu Sklaven von Räubern, denn Unternehmen, die keine Steuern zahlen in dem Land, in dem sie Gewinne erwirtschaften, aber dessen Infrastruktur nutzen, bestehlen nach meiner Überzeugung den Steuerzahler und führen überdies einen unfairen Wettbewerb gegen ortsansässige Geschäftsleute, die für ihre Läden sehr wohl Steuern und Abgaben zu entrichten haben. Fügen wir dem Bild die Realität hinzu, dass nicht Menschen, sondern Banken gerettet werden auf Kosten der Steuerzahler, zu Lasten von Eltern und Kindern, die bis ins dritte Glied verschuldet sind, weil unverantwortlich Bürgschaften erteilt werden, dann steht mahnend vor mir Martin Luthers Schrift *Von Kaufhandlung und Wucher.*

Über die hohen Damen und Herren in Politik und Wirtschaft und Medien hat Luther hellsichtig in seiner letzten Predigt erklärt: »Der Dünkel macht den Tanz gut. Diese meinen, dieweil sie regieren und eine höhere Person sind, so müssen sie auch klug sein; und ein solcher Narr im Rat hindert die anderen, dass sie mit keinem Schaden fortkommen können, denn er will in Teufels Namen klug sein mit Gewalt, und ist doch ein Narr … Deshalb sagt der Herr Christus, dass er den Naseweisen feind sei, dass er sie in seiner Kirche nicht leiden wolle, seien es Kaiser, Könige, Fürsten und Doktoren, die ihm sein göttliches Wort meistern und ihm mit ihrer eigenen Klugheit in die hohen Dinge des Glaubens und unserer Seligkeit hineinregieren wollen. Sie meinen, weil sie obenan im Regiment sitzen, darum seien sie die Klügsten, sie kennten die Schrift besser als andere Leute. Darum stürzt sie Gott auch tief. Denn er will's und kann's und soll's auch nicht leiden. Er macht's doch so, dass das Evangelium den Hohen und Weisen verborgen bleibt, und regiert seine Kirche ganz anders, als sie es denken und verstehen, wenn sie sich auch dünken lassen, sie wüssten und verständen alles … Das ist der Teufel in der Welt. Er wirkt es, dass die Menschen Gottes Wort nicht achten und sich gröblich betrügen und zum Narren halten lassen. Die Klugen und die Weisen, die Großen und Angesehenen sind es, die zerreißen das Sakrament und die Kirche und setzen sich an Gottes Stelle, wollen selbst Meister sein.« In dieser bemerkenswerten Predigt übt er die Kritik des einfachen und freien Christenmenschen an den Kaisern, Königen, Päpsten, Kardinälen, Bischöfen, evangelischen Geistlichen, an den Fürsten, an den Kaufleuten und auch an den Christen, die Christus vergessen haben. Man kann diese Predigt als veritablen Rundumschlag lesen, aber auch als Ermahnung, als Sorge, die Martin Luther umtreibt und die sich als durchaus berechtigt – heute mehr denn je – erweisen. Als sein Vermächtnis, das er uns in einem Vorgefühl des nahenden Todes mitgibt. Mit Luther und von Luther aus können wir lernen, alle Zumutungen, Anfechtungen und Gefahren unserer beunruhigten Welt vom Standpunkt des Glaubens, vom Standpunkt des Menschen aus zu betrachten. So hat er es gehalten, ob er über die Ehe, über den Kriegsdienst, über die Bankgeschäfte oder die Ökonomie handelte. Wenn wir Luthers Gedanken zurück zum Ausgangspunkt verfolgen, so können wir lernen, wie wir zu verlässlichen ethischen Orientierungen in unserer so scheinbar unüberschaubaren Welt kommen.

Martin Luthers Erfolg gründete darauf, dass die Deutschen inzwischen zu Zahlmeistern der römischen Kurie geworden waren, weil sie das Pech hatten, in Gestalt des Kaisers den Schutzherrn Roms zu stellen. Immer wieder brachten sie die Missstände in den Gravamina der deutschen Nation zum Ausdruck und blieben ungehört. Luther bestritt die Berechtigung der römischen Kurie, die christliche Welt, Europa zu beherrschen. Jeglichem Zentralstaatsgedanken wies er von sich. Von Luthers Haltung der damaligen europäischen Zentrale gegenüber können wir etwas lernen, wenn wir die aus meiner Sicht demokratische Entmachtung der Bürger Europas durch ein bürokratisches, zentralstaatsorientiertes Brüssel sehen. Das neue Europa benötigt dringend starke und weitgehend autonome Regionen, es bedarf dringend der größeren demokratischen Teilhabe der Bürger. Im Jahr 1517 ging fernab von den Metropolen der Welt von dem kleinen provinziellen Wittenberg ein Ereignis aus, das die Welt entscheidend verändern sollte und bis auf den heutigen Tag wirkt. Die Empörung darüber, in einer zutiefst glaubensfernen und korrupten Welt zu leben, brach in einem einfachen Mönch aus, der nicht weiter dulden wollte, dass die Menschen betrogen und ausgebeutet und verhöhnt wurden, dass sie dort ihr Seelenheil verspielten, wo ihnen eingeredet wurde, es zu gewinnen. Das entscheidende Wort, der wirkungsvolle Impuls kam aus der Region, nicht aus der Zentrale. Auch hier hilft Martin Luther weiter, wenn man sich ihm nur zuwendet und ihn nicht zum toten Hund erklärt. Aus der Region kommt der entscheidende Impuls. Vor der allgewaltig scheinenden Globalisierung müssen wir nicht resignieren. Im Gegenteil: von Luther lernend, brauchen wir der Globalisierung nur das kraftvolle Konzept der Regionalisierung entgegenzustellen.

Wir benötigen eine neue Reformation. Und einen neuen Martin Luther. Einen? Nein, viele Schwestern und Brüder in Christo, die den vor 500 Jahren gegebenen Impuls aufnehmen und verstärken. Es lohnt sich, nicht feige zu sein. Das Reformationsjubiläum darf deshalb nicht rückwärtsgewandt oder gar revisionistisch sein, es muss mit Luther zusammen auf unsere Gegenwart und Zukunft schauen, es kann, es soll, es muss eine neue Reformation einleiten.

Kapitel 15

Anmerkungen

[1] Vgl. Kant, Immanuel: Kritik der reinen Vernunft, S. 2, Leipzig 1979

[2] Marx, Karl: Zur Kritik der Hegelschen Rechtsphilosophie. Einleitung, in: Deutsch-Französische Jahrbücher, S. 151, Leipzig 1981

[3] Cioran, E. M.: Cahiers 1957–1972, S. 23, Frankfurt am Main 2001

[4] Goethe, Johann Wolfgang von: Kophtisches Lied, in: ders: Werke, Band 1, S. 241, München1993

[5] Vgl. Kaufmann, Thomas, in: http://www.welt.de/kultur/literarischewelt/article133845369/Wie-Martin-Luther-sich-die-Juden-zurechtlegte.html

[6] http://www.welt.de/politik/deutschland/article135648416/Fuer-Luthers-Judenhass-kann-man-sich-nur-schaemen.html

[7] Unter Links- und Rechtsprotestantismus sind Strömungen in der Kirche zu verstehen, die ihr Weltbild aus einer politischen Richtung, der der SPD oder der Grünen, beziehen, sie in die Kirche tragen und in der Bibel eine Textsammlung für politische Reden sehen. Der Rechtsprotestantismus findet sich eher in evangelikalen Kreisen, die wie auch der Linksprotestantismus einen politischen Einfluss auf die Gesellschaft anstreben. Kirche soll von rechts oder von links aus politisiert werden, was zum Schisma führen muss.

[8] In Hamburg hat eine Volksinitiative einen Volksentscheid über den Rückkauf der Strom-, Gas- und Fernwärmenetze durch die Stadt gewonnen. Die Volksinitiative wurde getragen vom Umweltverband BUND, der Evangelischen Kirche und der Verbraucherzentrale. Getragen bedeutet auch, dass die Evangelische Kirche die Initiative mit Kirchengeldern unterstützt hatte. In Hamburg hätte ich mit guten Gründen für den Rückkauf gestimmt, ein Freund hatte mit guten Gründen dagegen gestimmt. Doch in einem sind wir uns einig, dass es nicht Aufgabe der Evangelischen Kirche war, Politik zu machen, und es zu verurteilen ist, dass sie so selbstherrlich mit Kirchengeldern umgeht. Aus Protest und weil er nicht weiter für die politischen Abenteuer einer Landeskirche zahlen wollte, verließ er die Kirche. Das ist kein Einzelfall. So treibt der Linksprotestantismus Christen aus der Kirche. Aber vielleicht will man das auch, vielleicht ist in Bedford-Strohms Kirche nur noch Platz für Linksprotestanten.

[9] http://www.welt.de/politik/deutschland/article151819746/Arabisch-soll-in-Deutschland-zum-Pflichtfach-werden.html

[10] Zawatka-Gerlach, Ulrich: »Salehs Vision: 2030 Muslima als Kanzlerin. SPD Fraktionschef spricht in Istanbul über Integration und Flüchtlinge – und versucht sich als Prophet«, in: *Der Tagesspiegel* vom 30. September 2015, S. 11

[11] Der Höhepunkt der Flüchtlingskrise steht Deutschland laut Entwicklungsminister Müller noch bevor. Acht bis zehn Millionen Menschen seien unterwegs. Vgl. http://www.faz.net/aktuell/politik/fluechtlingskrise/entwicklungsminister-mueller-erst-zehn-prozent-der-fluchtwelle-ist-bei-uns-14006319.html

[12] https://www.youtube.com/watch?v=GzBvjZUYbE0

[13] Huysmans, Joris-Karl: Gegen den Strich, S. 13, Bremen 1991

[14] Luther, Martin: Ein Sendbrief von dem harten Büchlein wider die Bauern, in: derselbe: Luther Deutsch. Band 7: Der Christ in der Welt, S. 174, Berlin 1954

[15] http://www.welt.de/politik/deutschland/article150543433/Oppermann-gibt-Merkel-Mitschuld-am-AfD-Aufstieg.html

[16] *Der Spiegel* Nr. 13/1995 vom 27. März 1995

[17] Vgl. http://www.nzz.ch/feuilleton/medien/berichterstatter-als-stimmungsmacher-1.18615593?reduced=true

[18] Ebd.

[19] http://www.faz.net/aktuell/feuilleton/medien/tv-kritik/phoenix-zur-gewalt-in-koeln-14003435.html

[20] Vgl. ebd

[21] Vgl. dass Fernsehredakteure Interviewpartner in einem Vorgespräch vor der Sendung anweisen, sie sollten im Zusammenhang mit den Ereignissen in Köln nicht über Flüchtlinge reden. Ansonsten werde man das Interview abbrechen. So etwas sei an ihn in den letzten Tagen schon herangetragen worden, sagte der Kriminologe Christian Pfeiffer am Donnerstagabend in der »Phoenix-Runde«. Quelle: http://www.faz.net/aktuell/feuilleton/medien/tv-kritik/phoenix-zur-gewalt-in-koeln-14003435.html

[22] Vgl. Kundnani, Hans: German Power, München 2016

[23] Kafka, Franz: Beim Bau der chinesischen Mauer. Prosa und Betrachtungen aus dem Nachlass, S. 195, Leipzig und Weimar 1980

[24] Stirner, Max: Der Einzige und sein Eigentum, Der Einzige und sein Eigentum, Berlin 1924

[25] Darüber mag Hans Kundnani die Nase rümpfen, doch kommt er nicht über das Naserümpfen hinaus.

[26] Aristoteles: Metaphysik, Buch Delta, Kapitel 9, S. 82 f, (1017 b, 1018 a), Berlin 2003

[27] Vgl. Kluge, Etymologisches Wörterbuch, S. 432, Berlin 2002

[28] Deshalb wird das Konstrukt des Verfassungspatriotismus die sprich-

wörtliche Dame ohne Unterleib bleiben, weil dem rationalen Ideal die historische Realität fehlt, das Wesen, eben dasselbe.

[29] Vgl. Mai, Klaus-Rüdiger: Martin Luther. Prophet der Freiheit, Freiburg im Breisgau 2014

[30] In diesem Zusammenhang drückt das Wort »interaktiv« das Gegenteil von dem aus, was es meint. Denn der Mensch in der virtuellen Welt ist kein aktiver, sondern ein passiver. Das Subjekt der wirklichen wird zum Objekt der virtuellen Welt.

[31] A. a. O., S. 73

[32] Luther, Martin: Ein Sendbrief vom Dolmetschen, in: derselbe: Luther Deutsch. Band 5: Die Schriftauslegung, S. 68, Berlin o. J.

[33] Vgl. http://www.faz.net/aktuell/feuilleton/trigger-warnungen-vor-literatur-an-universitaeten-13813959.html

[34] Die Berichterstattung, die viel zu spät einsetzte, ist vielfältig und dokumentiert diese skandalösen Vorgänge. Andere Beispiele, wohin political correctness führt, lassen sich leider mühelos erbringen.

[35] http://www.radiobremen.de/politik/dossiers/wahl15/wahlstimmen100.html, http://www.welt.de/politik/deutschland/article150236737/Schuelerzaehlten-falsch-nun-ein-Sitz-mehr-fuer-die-AfD.html, siehe auch:
Sehr geehrter Herr Honka:
Auf ihrem Twitter Account haben sie heute die vom Verwaltungsgericht festgestellte organisierte Wahlfälschung durch offizielle Wahlhelfer und Wahlleiter bei der Landtagswahl in Bremen mit folgenden Worten kommentiert:»Was ist schlimmer? Schüler fälschten Wahl oder ein Sitz mehr für die AfD?«
Nun meine Fragen diesbezüglich an sie: Bedeutet das, dass Sie persönlich Wahlfälschungen generell für unproblematisch halten, obwohl dies in Deutschland strafbar ist und mit Freiheitsstrafe bis zu 5 Jahren bestraft werden kann? Haben Sie generell nichts gegen Wahlfälschungen einzuwenden oder ist dies nur der Fall, wenn dadurch Parteien benachteiligt werden, welche Sie ablehnen? Ist dies auch die offizielle Meinung der CDU-Fraktion im hessischen Landtag, der Hessischen Landesregierung und der CDU-Bundespartei oder nur Ihre private Auffassung, sofern dies als Abgeordneter eines deutschen Parlaments überhaupt als Privatmeinung gelten kann?
http://www.abgeordnetenwatch.de/hartmut_honka-1152-77753-f447862.html#q447862

[36] http://www.faz.net/aktuell/wirtschaft/eurokrise/nach-geheimtreffen-zu-griechenland-juncker-nach-falschen-dementis-in-der-kritik-1641525.html https://www.youtube.com/watch?v=Cctw4OHUvZ8

[37] Kant, Immanuel: Beantwortung der Frage: Was ist Aufklärung, in:

ders.: Von den Träumen der Vernunft. Kleine Schriften zur Kunst, Philosophie, Geschichte und Politik, S. 225, Leipzig und Weimar 1981

[38] Luther, Martin: Von der Freiheit eines Christenmenschen, in: derselbe: Luther Deutsch. Band 2: Der Reformator, S. 251, Göttingen 1981

[39] Das *Lied der Perle*. Zit. nach: Gnosis. Zeugnisse der Kirchenväter. S. 455 ff, München und Zürich 1995,

[40] Kant, Immanuel: a. a. O., S. 225

[41] Aus dem *Tractatus Tripartitus*. Zit. nach: Nag Hammadi Deutsch. Studienausgabe. Hrsg. v. Hans-Martin Schenke, Hans-Gebhardt Bethge und Ursula Ulrike Kaiser, S. 65f., Berlin und New York 2010,

[42] Augustinus: Über die wahre Religion, , Übersetzung nach Thimme, XXXIX, 72, Stuttgart 1983

[43] Meister Eckhart: Werke. 2 Bde. Hrsg. v. Niklaus Largier. Bd. I., S. 75, Frankfurt am Main 1993

[44] Seghers, Anna: Wiedereinführung der Sklaverei in Guadeloupe (1948). In dies.: Der Bienenstock. Gesammelte Erzählungen in drei Bänden. Band II., S. 206, Berlin 1963

[45] http://www.n-tv.de/politik/Wie-man-rechten-Hass-bekaempft-article 16168006.html

[46] Brecht, Bertolt: Fünf Schwierigkeiten beim Sagen der Wahrheit, in: derselbe: Werke, Band 22, S.74–89, Berlin, Weimar und Frankfurt am Main 1993,

[47] http://www.deutschlandfunk.de/ig-metall-chef-joerg-hofmann-wer-hetzt-der-fliegt.868.de.html?dram:article_id=334950

[48] http://www.faz.net/aktuell/wirtschaft/unternehmen/ig-metall-chef-fordert-entlassung-fremdenfeindlicher-arbeitnehmer-13875182.html

[49] GG, Paragraf 3, Seite 6, München 2015

[50] GG, Paragraf 4, S. 6 f., München 2015

[51] Luther, Martin: Von weltlicher Obrigkeit, in: derselbe: Luther Deutsch. Band 7: Der Christ in der Welt, S. 30, Berlin 1954

[52] a. a. O., S. 33

[53] Ebd.

[54] A. a. O., S. 38

[55] Siehe: Thomas Oppermann: »Der Zulauf für die AfD liegt vor allem daran, dass der Staat in der Flüchtlingskrise ein hilfloses und chaotisches Bild abgegeben hat.« (http://www.welt.de/politik/deutschland/article150543568/ Merkel-macht-Millionen-Buerger-politisch-heimatlos.html) Der ehemalige Berliner Senator Körting (SPD) spricht von Staatsversagen: »Die staatliche Organisation der Bundesrepublik Deutschland hat zigtausendfach versagt, und das nicht nur einen oder mehrere Tage, sondern wochenlang.« (http://www.tagesspiegel.de/berlin/fluechtlinge-in-deutschland-angela-mer-kel-fuehrt-uns-hilflos-ins-chaos/12761342.html)

[56] http://www.welt.de/kultur/article148534550/Da-bin-ich-zwischen-NPD-Plakaten-und-braunen-Zombies.html

[57] https://linksunten.indymedia.org/de/node/158130: Linksextremisten bekannten sich im Internet zu der Tat und begründeten sie damit, dass die »Demo für alle« ein »Sammelbecken für das reaktionäre Pack auf den Straßen der Bundesrepublik« sei. Gleichzeitig wurde in dem Schreiben zu weiteren Gewalttaten aufgerufen: Der Brandanschlag zeige, dass »die Hetzer angreifbar sind und für ihr Treiben die notwendige Quittung bekommen«. Mit von Beverfoerde sei eine »geistige Brandstifterin zur Rechenschaft gezogen worden«.

[58] Luther, Martin, a. a. O., S. 40

[59] A. a. O., S. 41

[60] http://www.tagesspiegel.de/berlin/fluechtlinge-in-deutschland-angela-merkel-fuehrt-uns-hilflos-ins-chaos/12761342.html

[61] http://www.faz.net/aktuell/gesellschaft/in-der-silvesternacht-uebergriffe-auf-frauen-auch-in-hamburg-13997842.html

[62] http://www.faz.net/aktuell/gesellschaft/in-der-silvesternacht-uebergriffe-auf-frauen-auch-in-hamburg-13997842.html

[63] Luther Martin: Von der Freiheit eines Christenmenschen, in: derselbe: Luther Deutsch. Band 2: Der Reformator, S. 251, Göttingen 1981

[64] A. a. O., S. 252

[65] Zu diesem Thema: vgl. Mai, Klaus-Rüdiger: »Lob der Religion«, Freiburg im Breisgau 2014

[66] Luther, Martin: Heerpredigt wider den Türken , in: derselbe: Luther Deutsch. Band 7: Der Christ in der Welt, S. 121, Berlin 1954

[67] Luther, Martin: Von der Freiheit eines Christenmenschen, in: derselbe: Luther Deutsch. Band 2: Der Reformator, S. 251, Göttingen 1981

[68] Friedrich II. von Preußen, Schriften und Briefe, in: ders.: Antimachiavell, S. 98, Leipzig 1985

[69] A. a. O., S. 114

[70] Kant, Immanuel: Kritik der praktischen Vernunft, S. 191, Leipzig 1983

[71] Hugo von Sankt Viktor: Didascalion de studio legendi, Studienbuch, S. 188, Freiburg im Breisgau 1997

[72] Rupprich, Hans (Hg.): Dürer. Schriftlicher Nachlass, 3 Bde, Band 2, S. 106, Berlin 1956−59

[73] Luther, Martin: Von weltlicher Obrigkeit, in: derselbe: Luther Deutsch. Band 7: Der Christ in der Welt, S. 217, Berlin 1954

[74] A. a. O., S. 223

[75] A. a. O., S. 222

[76] Luther, Martin: An die Ratsherren aller Städte deutschen Landes, dass sie christlichje Schulen ausrichten und halten sollen, in: derselbe: Calwer Lutherausgabe, Band 4, S. 175

[77] http://www.spiegel.de/forum/wirtschaft/sozialverband-der-gefaehrliche-blues-vom-bitterarmen-deutschland-thread-423851-13.html

[78] Vgl. Kundnani, Hans: »German Power. Das Paradox der deutschen Stärke, S. 115, München 2016

[79] http://www.welt.de/politik/deutschland/article151817158/400-Millionen-fuer-fragwuerdige-Sprachkurse.html

[80] Beispielsweise: http://www.maz-online.de/Lokales/Teltow-Flaeming/Gemeinsamer-Einbruchsschutz

[81] In Brandenburg vergeht kaum eine Woche, in der nicht Fahrkarten-automaten in die Luft gesprengt werden. Am Wochenende haben Unbekannte gleich zweimal zugeschlagen. Vgl.: http://www.maz-online.de/Brandenburg/Serie-gesprengter-Automaten-geht-weiter

[82] http://www.maz-online.de/Brandenburg/Brandenburg-stoppt-Abbau-der-Polizei: In Brandenburg wird wegen der anhaltenden Flüchtlingskrise der geplante Abbau von Polizeistellen mit sofortiger Wirkung gestoppt. Darauf haben sich Finanzminister Christian Görke (Linke) und Innenminister Karl-Heinz Schröter (SPD) in einem Spitzengespräch geeinigt, wie die MAZ am Freitag erfuhr. Auf die vorgesehene Streichung von 53 Polizeistellen bis Jahresende wird danach verzichtet. Der Personalbestand von jetzt 8114 Stellen soll nicht unterschritten werden, hieß es. Die im Koalitionsvertrag von SPD und Linke 2014 festgeschriebene Kürzung der Polizeistellen auf 7800 bis 2019 wird bis auf Weiteres ausgesetzt.

[83] Ebd.

[84] http://www.welt.de/wirtschaft/article152146663/Finanzministerium-warnt-vor-horrendem-Schuldenrisiko.html

[85] http://www.fr-online.de/newsticker/bundestag-aktuelle-stunde-zu-kinderarmut-und-merkel-zu-eu-gipfel,26577320,30163574.html

[86] http://www.spiegel.de/politik/deutschland/kinderarmut-merkel-will-entwicklungshilfe-erhoehen-a-615988.html

[87] http://www.linksfraktion.de/pressemitteilungen/merkel-setzt-kinder-armut-sofortige-anhebung-regelsaetze-notwendig/

[88] http://www.taz.de/1/archiv/?dig=2006/08/31/a0145

[89] http://www.zdf.de/ZDFmediathek#/beitrag/video/2601174/Was-nun,-Frau-Merkel?

[90] Luther, Martin: Von der Freiheit eines Christenmenschen, in: derselbe: Luther Deutsch. Band 2: Der Reformator, S. 58, Göttingen 1981

[91] http://www.tagesspiegel.de/berlin/marode-schulen-trotz-millionen-programmen-verfall-mit-ansage/12527048.html

[92] http://www.faz.net/aktuell/politik/fluechtlingskrise/schulen-in-nrw-haben-nicht-genug-lehrer-13883424.html

[93] Piketty, Thomas: Das Kapital im 21. Jahrhundert, S. 623, München 2014

[94] Ebd.

[95] Ebd.

[96] A. a. O., S. 624

[97] https://www.youtube.com/watch?v=YcEwoUKq_dY, http://www.focus.de/politik/videos/chancengleichheit-im-bildungssektor-de-maiziere-sagt-wegen-fluechtlingen-muessen-wir-die-bildungsstandards-in-deutschland-senken_id_5067524.html: »Bundesinnenminister Thomas de Maizière sieht angesichts der weiter steigenden Zahl an Flüchtlingen und Asylbewerbern die Notwendigkeit für mehr Improvisation. Deutschland könne etwa an Schulen oder bei der beruflichen Ausbildung derzeit kaum an seinen Standards festhalten.

[98] http://www.tagesspiegel.de/berlin/fluechtlinge-in-berlin-sanierung-von-sporthallen-nach-auszug-wird-teuer/12809028.html

[99] Piketty, Thomas: Das Kapital im 21. Jahrhundert, S. 745, München 2014

[100] http://www.sueddeutsche.de/bildung/fluechtlinge-wir-leben-in-einer-neuen-gesellschaft-1.2809459

[101] Ebd.

[102] Ebd.

[103] Luther, Martin: Von weltlicher Obrigkeit, in: derselbe: Luther Deutsch. Band 7: Der Christ in der Welt, S. 60, Berlin 1954

[104] A. a. O., S. 82

[105] Luther, Martin: Von der Freiheit eines Christenmenschen, in: derselbe: Luther Deutsch. Band 2: Der Reformator, S. 258, Göttingen 1981

[106] Luther, Martin: Von Kaufhandlungen und Wucher, in: derselbe: Luther Deutsch. Band 7: Der Christ in der Welt, S. 232, Berlin 1954

[107] Aristoteles: Politik, in: ders.: Philosophische Schriften, Band 4, S. 22 f, Hamburg 1995

[108] A. a. O., S. 20

[109] Olivi, Petrus Johannes: Tractatus de emptionibus et venditionibus, de usuris, de restitionibus, zit. n.: Wolff, Michael: Mehrwert und Impetus bei Petrus Johannis Olivi, in: Miethke, J. und Schreiner, K. (Hg.): Sozialer Wandel im Mittelalter, S. 417, Siegmaringen 1994

[110] Die Bedeutung und Ausdehnung des Fernhandels, wie ihn allen voran die Florentiner, die Genuesen und Venezianer betrieben, die Verquickung internationaler Finanzierungen, man denke nur an das Engagement der Bardi-Bank in Neapel und in England, erzeugten ein dichtes kommunikatives Netz und wirtschaftliche Abhängigkeiten. Leider können wir hier nicht auf diese gerade im Angesicht aktueller Diskussionen so faszinierenden wie erhellenden wirtschaftlichen Dependenzen des Trecento eingehen. Der Globalisierungsdiskussion fehlt die historische Dimension und dadurch wird sie blind geführt.

[111] Aristoteles: Politik, in: ders.: Philosophische Schriften, Band 4, S. 21, Hamburg 1995

[112] Ebd.

[113] Piketty, Thomas: Das Kapital im 21. Jahrhundert, S. 574, München 2014,

[114] A. a. O., S. 585

[115] Ebd.

[116] Kundnani, Hans: German Power. Das Paradox der deutschen Power, S. 7, München 2016

[117] http://www.faz.net/aktuell/wirtschaft/unternehmen/in-der-krise-der-niedergang-der-deutschen-bank-14067086.html?printPagedArticle=true- – aufmacherOverlayDie

[118] Aurelius Augustinus: Vom Gottesstaat, Bd. 1, S.173, 1991

[119] Luther, Martin: Von Kaufhandlungen und Wucher, in: derselbe: Luther Deutsch. Band 7: Der Christ in der Welt, S. 228, Berlin 1954

[120] A. a. O., S. 233

[121] A. a. O., S.231

[122] A. a. O., S. 226

[123] Ebd.

[124] Ebd.

[125] A. a. O., S. 227

[126] Luther, Martin: Brief an Philipp und Hans Georg von Mansfeld, 14.3.1542, in: ders: Luther Deutsch. Die Briefe, Bd. 10, S. 309, Berlin 1954

[127] Luther, Martin: Von Kaufhandlungen und Wucher, in: derselbe: Luther Deutsch. Band 7: Der Christ in der Welt, S. 224, Berlin 1954

[128] Piketty, S. 627

[129] http://www.faz.net/aktuell/feuilleton/medien/enzensberger-zu-gast-bei-beckmann-kampf-um-digitale-buergerrechte-12569400.html

[130] Der Europäische Stabilitätsmechanismus (kurz ESM, englisch European Stability Mechanism, französisch Mécanisme européen de stabilité) ist eine Finanzierungsinstitution mit Sitz in Luxemburg. Aufgabe des ESM ist es, überschuldete Mitgliedstaaten der Eurozone durch Kredite und Bürgschaften zu unterstützen, um deren Zahlungsfähigkeit zu sichern. Die Bürgschaft verschleiert in Wahrheit die Potenzialität der Staatsfinanzierung.

[131] http://www.wiwo.de/finanzen/geldanlage/hedgefonds-heuschrecke-verdient-kraeftig-durch-griechenland-rettung/7543528-all.htm lhttp://www.spiegel.de/wirtschaft/unternehmen/hedgefonds-verdient-halbe-milliarde-mit-griechischem-schuldenrueckkauf-a-873758.html: »Griechenland hatte Anfang Dezember Staatsanleihen im Nennwert von 30 Milliarden Euro zurückgekauft. Der Durchschnittspreis lag bei knapp 34 Cent pro Euro Nennwert. Laut »FT« verkaufte »Third Point« dabei

den Großteil einer Position griechischer Staatsanleihen über rund eine
Milliarde Dollar, die das Unternehmen zuvor für nur 17 Cent pro Euro
gekauft hatte.«

[132] Zit. n. Kundnani, Hans: German Power. Das Paradox der deutschen
Stärke, S. 66, München 2016

[133] A. a. O., S. 66ff.

[134] http://www.sueddeutsche.de/news/wirtschaft/waehrung-notenbank-
chefs-fuer-umfassende-reform-der-waehrungsunion-dpa.urn-newsml-
dpa-com-20090101-160208-99-560913

[135] http://www.welt.de/politik/deutschland/article146183441/Merkels-
deutliche-Botschaft-an-alle-besorgten-Buerger.html

[136] Ebd.

[137] http://www.welt.de/politik/deutschland/article148790240/Tiefe-Beunru
higung-in-der-Bevoelkerung.html

[138] http://www.bundesregierung.de/Content/DE/Artikel/IB/Artikel/Allge-
mein/2015-09-21-eckpunkte.html;jsessionid=6FD6117874DE64C1D232DC
AD4B7AFD4A.s1t2

[139] http://www.welt.de/politik/deutschland/article148837472/Libanesen-
Klans-verdienen-kraeftig-an-Asylkrise.html

[140] http://www.welt.de/politik/deutschland/article148837472/Libanesen-
Klans-verdienen-kraeftig-an-Asylkrise.html

[141] Vgl. u. a. Neuwirth, Angelika: Der Koran als Text der Spätantike. Ein
Europäischer Zugang, Frankfurt am Main 2010, und Pohlmann, Karl-
Friedrich: Die Entstehung des Korans. Neue Erkenntnisse aus der Sicht
der historisch-kritischen Bibelwissenschaft, Darmstadt 2012

[142] http://www.sueddeutsche.de/bildung/islam-in-deutschland-macht-
kampf-um-die-wahre-lehre-1.1877436

[143] Ebd.

[144] Aurelius Augustinus: Vom Gottestaat, Bd. 1, 1991, S. 173

[145] http://www.welt.de/politik/deutschland/article148588383/Herbst-
der-Kanzlerin-Geschichte-eines-Staatsversagens.html

[146] Luther, Martin: Ob Kriegsleute auch im seligen Stande sein können, in:
derselbe: Luther Deutsch. Band 7: Der Christ in der Welt, S. 74, Berlin 1954

[147] Ebd.

[148] Luther, Martin: Das schöne Confitemi, in: ders: Luther Deutsch,
Band 7, S. 292 f., Berlin 1954

[149] Luther, Martin: Ob Kriegsleute auch im seligen Stande sein können,
in: derselbe: Luther Deutsch. Band 7: Der Christ in der Welt, , S. 74f, Berlin 1954

[150] A. a. O., S. 75

[151] http://www.zeit.de/gesellschaft/201–10/deutsche-einheit-migranten-
ossis-tuerken-wessis

[152] http://www.zeit.de/gesellschaft/2015-10/deutsche-einheit-migranten-ossis-tuerken-wessis

[153] Vgl. u. a.: Flüchtlingskrise, Brexit-Abstimmung, der Konflikt mit Polen: Nie war das Ende der EU so realistisch wie heute. Greifbar wird das in Brüssel – wo bald jeder gegen jeden kämpfen könnte. (http://www.faz.net/aktuell/wirtschaft/wirtschaftspolitik/nie-war-das-ende-der-eu-so-realistisch-wie-heute-14016293.html)

[154] Luther, Martin: Das schöne Confitemi, in: ders: Luther Deutsch, Band 7, S. 286, Berlin 1954

[155] Heine, Heinrich: Deutschland. Ein Wintermärchen: in ders.: Werke, Band 1, S. 436, Berlin und Weimar 1980,

[156] Luther, Martin: Das schöne Confitemi, in: ders: Luther Deutsch, Band 7, S. 302, Berlin 1954

[157] Ebd.

[158] »In the eighteenth century and since, Newton came to be thought of as the first and greatest of the modern age of scientists, a rationalist, one who taught us to think on the lines of cold and untinctured reason. I do not see him in this light. I do not think that any one who has pored over the contents of that box which he packed up when he finally left Cambridge in 1696 and which, though partly dispersed, have come down to us, can see him like that. Newton was not the first of the age of reason. He was the last of the magicians, the last of the Babylonians and Sumerians, the last great mind which looked out on the visible and intellectual world with the same eyes as those who began to build our intellectual inheritance rather less than 10,000 years ago.« Das schrieb der Mann, der Newtons Manuskripte für Cambridge erworben und einen tiefen Einblick in Newtons Schaffen und Denken gewonnen hatte. Vgl. Keynes, John Maynard: Newton, the Man (1946). In Geoffrey Keynes (ed.), Essays in Biography, 2nd edition, S. 311–4, London 1951

[159] Ibn Arabi: Die Religion der Liebe, in: Das Wunder an Al-Andalus. Die schönsten Gedichte aus dem Maurischen Spanien, aus dem Arabischen und Hebräischen ins Deutsche übertragen und erläutert von Georg Bossong, S. 151, München 2005

[160] Luther, Martin: An den christlichen Adel deutscher Nation, in: derselbe: Luther Deutsch. Band 2: Der Reformator, S. 160f., Göttingen 1981

[161] Luther, Martin: Das schöne Confitemi, in: ders: Luther Deutsch, Band 7, S. 301, Berlin 1954

[162] Hachtmann, Rüdiger: Das Wirtschaftsimperium der Deutschen Arbeitsfront 1933–1945, S. 615, Göttingen 2012

[163] Die Roboter erobern die Arbeitswelt. Jetzt macht eine düstere Prognose des Weltwirtschaftsforums in Davos die Runde: Die Automatisie-

rung sei schuld. Vgl. bspw. http://www.faz.net/aktuell/wirtschaft/roboter-
in-der-wirtschaft-millionen-jobs-fallen-weg-14018180.html

[164] http://www.welt.de/wirtschaft/article145264301/Tsipras-ueberliess-
Ex-Lehman-Banker-die-Verhandlungen.html

[165] http://www.t-online.de/wirtschaft/id_74327038/griechenland-krise-
koalition-lehnt-drittes-hilfspaket-ab.html

[166] http://www.welt.de/wirtschaft/article143970581/So-teuer-wird-der-
Griechenland-Deal-fuer-Deutschland.html